会计训练营
新手学出纳

许建德◎编著

中国纺织出版社有限公司

内 容 提 要

本书依据最新《中华人民共和国会计法》《企业会计准则》和有关税收法规进行编写，全书脉络清晰，由简入深，层层推进，集系统性、全面性与权威性于一体。从出纳要掌握的会计常识、税务常识着手，对出纳人员的业务技能、账证业务、现金出纳业务、银行账户管理、银行账户结算着重分析，最后给出出纳业务的纠错和交接程序。

本书全面剖析出纳的会计学基础，生动展现出纳人员的必备专业技能，系统介绍出纳的证、账款、票、税、汇的方方面面，以简洁精炼的语言为读者全面开启会计出纳的学习之旅。

图书在版编目（CIP）数据

会计训练营. 新手学出纳 / 许建德编著 . — 北京：中国纺织出版社有限公司，2020. 5

ISBN 978-7-5180-7405-1

Ⅰ . ①会⋯ Ⅱ . ①许⋯ Ⅲ . ①会计学②出纳 Ⅳ .
① F230

中国版本图书馆 CIP 数据核字（2020）第 076528 号

策划编辑：史 岩　　责任编辑：曹炳镝
责任校对：韩雪丽　　责任印制：储志伟

中国纺织出版社有限公司出版发行
地址：北京市朝阳区百子湾东里A407号楼　邮政编码：100124
销售电话：010—67004422　传真：010—87155801
http://www.c-textilep.com
中国纺织出版社天猫旗舰店
官方微博 http://weibo.com/2119887771
三河市延风印装有限公司印刷　各地新华书店经销
2020年5月第1版第1次印刷
开本：710×1000　1/16　印张：17
字数：255千字　定价：58.00元

凡购本书，如有缺页、倒页、脱页，由本社图书营销中心调换

你花钱如流水，不知道如何管理自己的金钱？

走过银行，看到里面人头攒动，你会为了和银行打交道而头疼？

职场上需要跟现金打交道的地方很多，你每次都厌烦拿着发票去财务部报销？

银行本票、银行汇票、商业汇票，做销售的你被这些票据弄得晕头转向？

你看着公司的出纳，拿着一堆现金、银行对账单、工资条，条理清晰分类明确，你羡慕吗？

学点出纳知识吧，专管行政的高级经理，最近手头也拿着一本出纳书在研读，学点会计出纳常识，已经成为居家旅行，职场生活的"必杀技"。

这是一本自学的出纳书，面向广泛！

如果你是初入职场的出纳人员，如果你想谋求升职的突破口，如果你的经济出现危机；当然你也可能是企业管理层；或者是小店掌柜；或者仅仅是博览群书的爱好者。

这本书你选对了！本书是为想做出纳的人准备的"出纳一本通"，也是为想要充电的职场人士准备的出纳常识，不仅是企业管理层更了解企业货币资金的工具，更是我们生活的好帮手。

本书拥有三大优点，你值得拥有！

第一，有了本书，你可以尽情地偷懒了。

还嫌自己太懒？没关系，本书最大的特点就是"看图"，口号是"摒弃长篇大论，提倡看图行事"。

谁不爱翻时尚杂志，谁爱看大部头的《会计学》巨著？我们每天都在工作，下班后想做的，就是把自己扔到沙发里，看着电视，喝杯花茶，翻翻杂志。

学东西可以，但我们拒绝痛苦！

记得《射雕英雄传》中的场景吗？黄蓉的老妈太牛了，看了两遍《九阴真经》，就把它记在脑子中了。其实，那是印在脑子中，黄蓉老妈不懂那些文字的意思，但她的脑袋却是个照相机。

其实，每个人的脑袋都有照相机潜质，试想，如果你有照相机，照长篇大论清晰呢？还是照图表清晰？

本书独特的图表化结构，将如何做出纳的内容融入到图表中，帮助你记忆，让你很快对出纳有个了解，从此告别"第一，第二，第三"的时代！

第二，有了本书，你可以尽情地拽了。

活泼有趣，清晰明了的格式不代表本书不严谨。

本书的体系是由简入深，层层推进的，从出纳要掌握的会计常识、税务常识着手，对出纳人员的业务技能、账证业务、现金出纳业务、银行账户管理、银行账户结算着重分析，最后给出出纳业务的纠错和交接程序。

知识体系十分全面，知识量也是足够的，可以说，本书的系统性、全面性、权威性也是一大特点。

我们聘请了知名大学会计系教授研读了本书，并且在大学生中做了调查，发现本书的知识含量，相当于大学会计系课程整整一个学年的内容。

也就是说，阅读完本书以后，你的出纳知识，可以和科班出身的大学生相媲美，这种感觉实在是太美妙了。

试想，当你拥有如此全面而又系统的出纳知识，在人前侃侃而谈，或者在生活中表露出你的专业素质时，接受别人羡慕的目光时，你完全走在了大队伍的前方。

第三，我们对你零要求。

阅读本书需要基础吗？不需要吗？需要吗？

真的，不需要基础！

我们将从"出纳是干什么的"入手，即使你从来没听说过"出纳"这个词儿，只要你识字，并想提高自己，就能学做出纳！

购买本书之前，你可以问自己一个问题"你想变得更拽吗？"如果答案是肯定的，那赶紧下手吧。

许建德

2020 年 3 月

目　录
CONTENTS

第 4 章　出纳工作的起点——出纳凭证

第5章 出纳工作的足迹——会计账簿

第6章　出纳工作内容之——现金管理

第8章　出纳工作内容之——银行票据结算

第9章　出纳工作内容之——税收业务

第 10 章　出纳工作内容之——外汇管理

第 11 章　出纳工作的保障——出纳查错与纠错

第 12 章　出纳工作的延续——出纳交接

第 1 章 出纳工作基本功之
——了解出纳工作

本章导读

出纳工作是会计循环中的起始环节，是连接国家与企业、企业与企业、以及企业内部各部门经济关系的中间环节。出纳员在单位中的工作任务很多，如物资的采购、工资的发放、零星费用的开支、银行提现、税金的解缴等。

所谓"在其位，谋其政"，作为出纳人员首先应对出纳岗位的工作内容和任务有一定了解，理解出纳的含义、特点，出纳工作的职能和岗位设置。对这些知识的宏观了解才能了解出纳工作的重点，在具体实践中得心应手，才能真正做到谋其政。

本章系统介绍了出纳的含义、出纳工作的特点和内容、出纳人员的职责和权限；出纳岗位设置、出纳工作的回避要求及工作流程。

1.1 认识出纳工作

1.1.1 出纳的基本含义

在出纳一词中，出即支出的意思，纳则是收入的意思，这两个字合二为一则非常准确的表明了出纳业务的核心要义，也就是货币资金的收入与支出。如图 1-1 所示，一般而言，出纳一词有三层含义：一是出纳业务，二是出纳工作，三是指出纳人员。

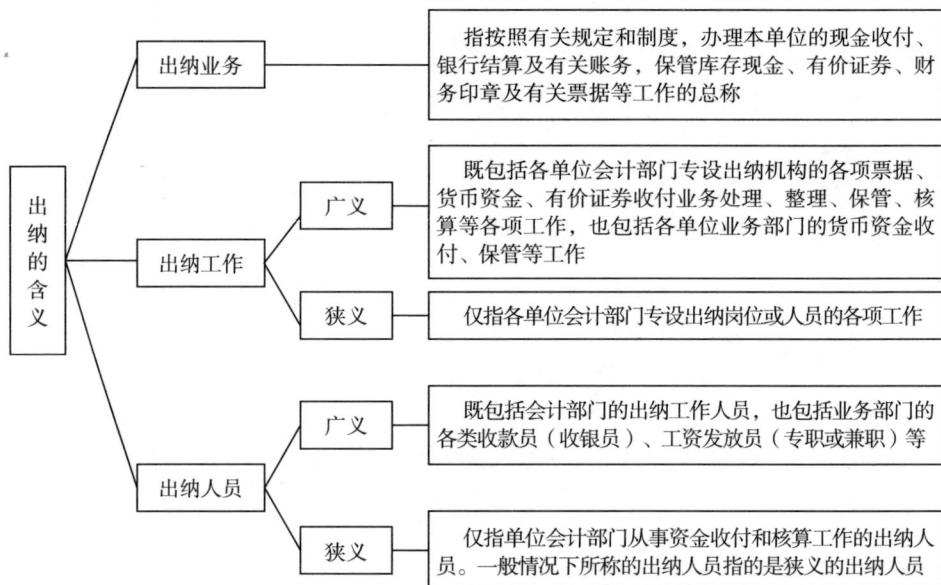

图1-1　出纳的含义

1.1.2 出纳工作有哪些特点

任何工作都有自身的特点和工作规律，出纳是会计工作的组成部分，具有一般会计工作的本质属性，但它又是一个专门的岗位，一项专门的技术，因此，具有自己专门的工作特点。主要特点有：

（1）出纳工作纷繁芜杂

出纳工作主要核算与管理企业、事业单位流动资产中的货币性资产，具体包括现金、银行存款、有价证券等。而现金、银行存款业务在企业经营活动中每日或经常性发生，因此，出纳人员运用收、付款凭证和现金与银行存款日记账如实记录、核算。现金日记账每天结出余额，并与库存现金进行核对；银行存款日记账要每天或定期结出余额并与银行对账单核对。月末必须按照规定实时结账。此外，出纳人员还要每日或经常往返于企业、银行之间，提款、存取票据、单据，以保证企业经营活动的需要。

（2）做好出纳工作需要认真细致

由于出纳工作是会计的基础工作，是会计工作的基本环节，要使会计工作正常、有序就要求出纳人员具有较强的责任心，工作中要认真细致，避免因工作的疏漏而影响企业资金的周转、使用。

（3）出纳工作位轻权重，必须具有良好的职业道德

就目前实际情况来看，各企业事业单位的出纳人员的职位不高、权力不大，但就出纳的职责权限而言，却对企业的发展具有举足轻重的作用。货币资金、有价证券是很多企业的核心资产，如果发生损失，将直接影响到企业的生存。

1.1.3　出纳工作有哪些职能

简而言之，出纳职能也就是可能产生的作用，从总的方面来讲，出纳工作的职能可概括为收付、反映、监督、管理四个方面。

（1）收付职能

顾名思义，出即支出，纳即收入，出纳的最基本职能是收付职能。企业的基本经营活动之一就是货物价款、往来款项的收付以及各种有价证券、金融业务往来的办理，这些活动都必须经过出纳人员之手，是出纳工作的首要职能。

（2）反映职能

即利用统一的货币计量单位，通过其特有的日记账、各种明细分类账，对本单位的货币资金和有价证券进行详细地记录与核算，从而为经济管理和投资决策提供完整、系统的经济信息。

（3）监督职能

出纳不仅要对本单位的货币资金和有价证券进行详细地记录与核算，为经济管理和投资决策提供所需的完整、系统的经济信息，还要对企业的各种经济业务，特别是货币资金收付业务的合法性、合理性和有效性进行全过程的监督。

（4）管理职能

主要包括对货币资金与有价证券进行保管，对银行存款和各种票据进行管理，对企业资金使用效益进行分析研究，为企业投资决策提供金融信息，甚至直接参与企业的方案评估、投资效益预测分析等也是出纳的职责所在。

1.1.4 出纳工作的内容

鉴于出纳工作的职能，如图 1-2 所示，出纳人员的工作内容和任务主要包括货币资金的收支与记录、往来结算、工资核算、货币资金收支的监督等。

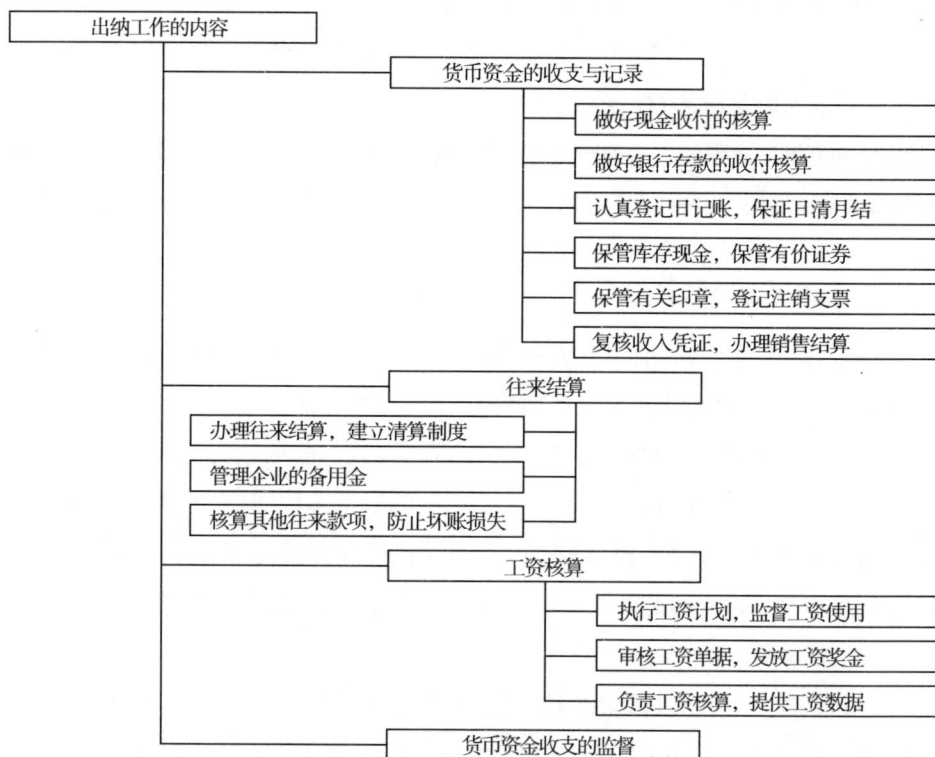

```
出纳工作的内容
    └─ 货币资金的收支与记录
            ├─ 做好现金收付的核算
            ├─ 做好银行存款的收付核算
            ├─ 认真登记日记账，保证日清月结
            ├─ 保管库存现金，保管有价证券
            ├─ 保管有关印章，登记注销支票
            └─ 复核收入凭证，办理销售结算
    └─ 往来结算
            ├─ 办理往来结算，建立清算制度
            ├─ 管理企业的备用金
            └─ 核算其他往来款项，防止坏账损失
    └─ 工资核算
            ├─ 执行工资计划，监督工资使用
            ├─ 审核工资单据，发放工资奖金
            └─ 负责工资核算，提供工资数据
    └─ 货币资金收支的监督
```

图1-2 出纳工作的内容

1. 货币资金的收支与记录

出纳的货币资金管理工作主要包括两个方面：一是日常货币资金收支业务的办理；二是上述收支业务的账务核算。

日常收支业务包括现金的收支；银行存款结算业务的办理；负责保管库存现金、各种有价证券、支票、结算凭证、空白收据和有关印章；发票的开具；其他与货币资金有关的行政事宜。

收支业务的核算包括现金及银行存款有关的记账凭证的编制；现金日记账、银行存款日记账、发票领用登记簿及其他与货币资金相关的备查簿的登记；出纳日报表、银行存款余额调节表的编制等。

具体而言，本项工作内容主要包括以下六个方面：

（1）做好现金收付的核算

严格按照国家有关现金管理制度的规定，根据稽核人员审核签章的收付款凭证，进行复核，办理款项收付。

（2）做好银行存款的收付核算

严格按照银行《支付结算办法》的各项规定，按照审核无误的收入与支出凭证，进行复核，办理银行存款的收付，经常与银行传递来的对账单进行核对，并编制银行存款余额调节表。

（3）认真登记日记账，保证日清月结

根据已经办理完毕的收付款凭证，逐笔顺序登记现金和银行存款日记账，并结出余额。现金的账面余额要及时与银行存款对账单核对，保证账证、账账、账实相符。月末要编制银行存款余额调节表，使账面余额与对账单上余额调节相符。对于未达账款，要及时查询。同时，要随时掌握银行存款余额，不准签发空头支票。

（4）保管库存现金，保管有价证券

对于现金和各种有价证券，要确保其安全和完整无缺。库存现金不得超过银行核定的限额，超过部分要及时存入银行。不得以"白条"抵充现金，更不得任意挪用现金。如果发现库存现金有短缺或盈余，应查明原因，根据情况分别处理，不得私下取走或补足。如有短缺，要负赔偿责任。对于单位库存现金保险柜密码、开户账号及取款密码等，不得泄露秘密，更不能任意转交他人。

（5）保管有关印章，登记注销支票

出纳人员所管的印章必须妥善保管，严格按照规定用途使用。但签发支票的各种印章，不得全部交由出纳一人保管。对于空白收据和空白支票必须严格管理，专设登记簿登记，认真办理领用注销手续。

（6）复核收入凭证，办理销售结算

认真审查销售业务的有关凭证，严格按照销售合同和银行结算制度，及时办理销售款项的结算，催收销售货款。发生销售纠纷，货款被拒付时，要通知有关部门及时处理。

2. 往来结算

（1）办理往来结算，建立清算制度

现金结算业务的内容，主要包括：企业与内部核算单位和职工之间的款项结算；企业与外部单位不能办理转账手续和个人之间的款项结算；低于结算起点的小额款项结算；根据规定可以用于其他方面的结算。对购销业务以外的各种应收、暂付款项，要及时催收结算；应付、暂收款项，要抓紧清偿。对确实无法收回的应收账款和无法支付的应付账款，应查明原因，按照规定报经批准后处理。

（2）管理企业的备用金

实行备用金制度的企业，要核定备用金定额，及时办理领用和报销手续，加强管理。对预借的差旅费，要督促及时办理报销手续，收回余额，不得拖欠，不准挪用。建立其他往来款项清算手续制度。对购销业务以外的暂收、暂付、应收、应付、备用金等债权债务及往来款项，要建立清算手续制度，加强管理及时清算。

（3）核算其他往来款项，防止坏账损失

对购销业务以外的各项往来款项，要按照单位和个人分户设置明细账，根据审核后的记账凭证逐笔登记，并经常核对余额。年终要抄列清单，并向领导或有关部门报告。

3. 工资核算

（1）执行工资计划，监督工资使用

根据批准的工资计划，会同劳动人事部门，严格按照规定掌握工资和奖金的支付，分析工资计划的执行情况。对于违反工资政策，滥发津贴、奖金的，要予以制止或向领导和有关部门报告。

（2）审核工资单据，发放工资奖金

根据实有职工人数、工资等级和工资标准，审核工资奖金计算表，办理代扣款项（包括计算个人所得税、住房基金、劳保基金、失业保险金等），计算实发工资。

（3）负责工资核算，提供工资数据

按照工资总额的组成和支付工资的来源，进行明细核算。根据管理部门的要求，编制有关工资总额报表。

4. 货币资金收支的监督

货币资金收支过程中会面临很多消极因素，为了保证货币资金收支的安全，必须对其实施有效的监督。出纳监督是依据国家有关的法律法规和企业的规章制度，在维护财经纪律、执行会计制度的工作权限内，坚决抵制不合法的收支和弄虚作假的行为。

出纳在办理现金和银行存款各项业务时，要严格按照财经法规进行，违反规定的业务一律拒绝办理。随时检查和监督财经纪律的执行情况，以保证出纳工作的合法性、合规性和合理性，保护单位的经济利益不受侵害。

1.2　出纳人员的职责与权限

1.2.1　出纳人员有哪些职责

出纳是会计工作的重要环节，涉及的是现金收付、银行结算等活动，而这些又直接关系到职工个人、单位乃至国家的经济利益，工作出了差错，就会造成不可挽回的损失。因此，明确出纳人员的职责和权限，是做好出纳工作的基本条件。根据《会计法》《会计基础工作规范》等财会法规，如图1-3所示，出纳人员具有以下的职责。

```
┌─────────────────────────────────────┐
│           出纳人员的职责              │
└────┬────────────────────────────────┘
     │    ┌─────────────────────────────────────┐
     ├────┤  办理现金收付和银行结算业务          │
     │    └─────────────────────────────────────┘
     │    ┌─────────────────────────────────────┐
     ├────┤  严格审核有关原始凭证，再据以编制收付款凭证 │
     │    └─────────────────────────────────────┘
     │    ┌─────────────────────────────────────┐
     ├────┤  办理外汇出纳业务                    │
     │    └─────────────────────────────────────┘
     │    ┌─────────────────────────────────────┐
     ├────┤  管理企业的银行存款账户              │
     │    └─────────────────────────────────────┘
     │    ┌─────────────────────────────────────┐
     ├────┤  保管库存现金和各种有价证券的安全与完整 │
     │    └─────────────────────────────────────┘
     │    ┌─────────────────────────────────────┐
     └────┤  保管有关印章、空白收据和空白支票    │
          └─────────────────────────────────────┘
```

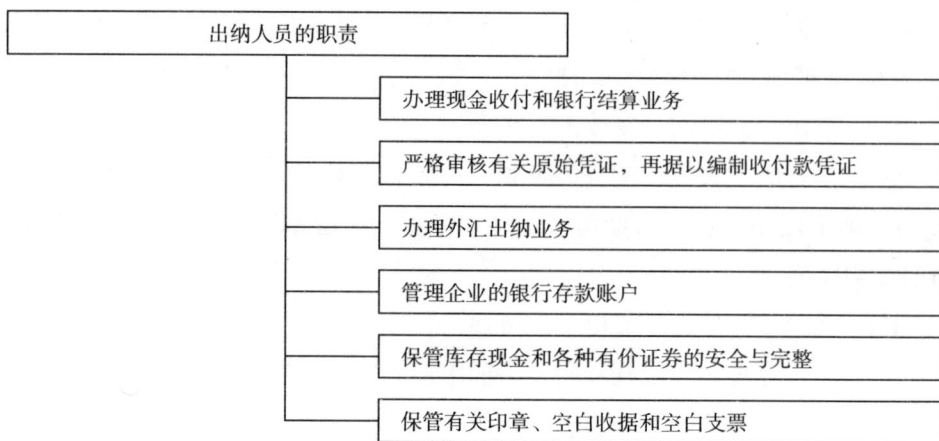

图1-3　出纳人员的职责

（1）按照国家有关现金管理和银行结算制度的规定，办理现金收付和银行结算业务。出纳员应严格遵守现金开支范围，非现金结算范围不得用现金收付；遵守库存现金限额，超限额的现金按规定及时送存银行；现金管理要做到日清月结，账面余额与库存现金每日下班前应核对，发现问题，及时查对；银行存款账与银行对账单也要及时核对，如有不符，应立即通知银行调整。

（2）根据会计制度的规定，在办理现金和银行存款收付业务时，要严格审核有关原始凭证，再据以编制收付款凭证，然后根据编制的收付款凭证逐笔顺序登记现金日记账和银行存款日记账，并结出余额。

（3）按照国家外汇管理和结购汇制度的规定及有关批件，办理外汇出纳业务。外汇出纳业务是政策性很强的工作，随着我国改革开放的深入发展，国际间经济交往日益频繁，外汇出纳也越来越重要。出纳人员应熟悉国家外汇管理制度，及时办理结汇、购汇、付汇，以避免国家外汇损失。

（4）掌握银行存款余额，不准签发空头支票，不准出租出借银行账户为其他单位办理结算。这是出纳员必须遵守的一条纪律，也是防止经济犯罪、维护经济秩序的重要方面。出纳员应严格支票和银行账户的使用和管理，从出纳这个岗位上堵塞结算漏洞。

（5）保管库存现金和各种有价证券（如国库券、债券、股票等）的安全与完整。要建立适合本单位情况的现金和有价证券保管责任制，如发生短缺，属于出纳员责任的要进行赔偿。

（6）保管有关印章、空白收据和空白支票。印章、空白票据的安全保管十分重要，在实际工作中，因丢失印章和空白票据给单位带来经济损失的不乏其例。对此，出纳人员必须高度重视，建立严格的管理办法。通常，单位财务公章和出纳人员名章要实行分管，交由出纳人员保管的出纳印章要严格按规定用途使用，各种票据要办理领用和注销手续。

1.2.2　出纳人员有哪些权限

根据《会计法》《会计基础工作规范》等财会法规，如图 1-4 所示，出纳人员具有以下权限。

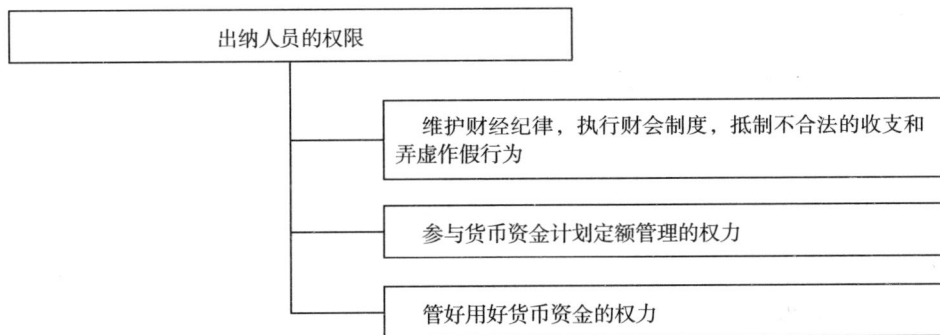

图1-4　出纳人员的权限

1.维护财经纪律，执行财会制度，抵制不合法的收支和弄虚作假行为

《会计法》是我国会计工作的根本大法，是包括出纳人员在内的会计人员必须遵循的重要法律。《会计法》对会计人员如何维护财经纪律提出具体规定，为出纳员实行会计监督、维护财经纪律提供了法律保障。出纳人员应认真学习、领会、贯彻这些法规，为维护财经纪律、抵制不正之风做出贡献。

2.参与货币资金计划定额管理的权力

现金管理制度和银行结算制度是出纳人员开展工作必须遵照执行的法规，而执行这些法规，实际上是赋予了出纳人员对货币资金管理的职权。如加强现金管理，要求各单位的库存现金必须限制在一定的范围内，多余的要按规定送存银行，这便为银行部门有效利用社会资金进行有计划放款提供了资金基础。因此，出纳工作不是简单的货币资金的收收付付，其工作的意义只有和许多方面的工作联系起来才能体会到。

3. 管好用好货币资金的权力

出纳工作每天和货币资金打交道，单位的一切货币资金往来都与出纳工作紧密相联，货币资金的来龙去脉，周转速度的快慢，出纳人员都清清楚楚。因此，提出合理安排利用资金的意见和建议，及时提供货币资金使用与周转信息，既是出纳人员义不容辞的责任，也是出纳人员所能胜任的工作内容。出纳人员应抛弃被动工作观念，树立主动参与意识，把出纳工作放到整个会计工作、经济管理工作的大环境中，发挥好出纳人员的作用。

1.2.3 出纳与会计的关系

在单位的财务工作中，会计与出纳是互相不可或缺的职业搭档，两者之间既有紧密的联系，又有明显的区别。如图 1-5 所示，两者的联系与区别主要体现在以下的方面。

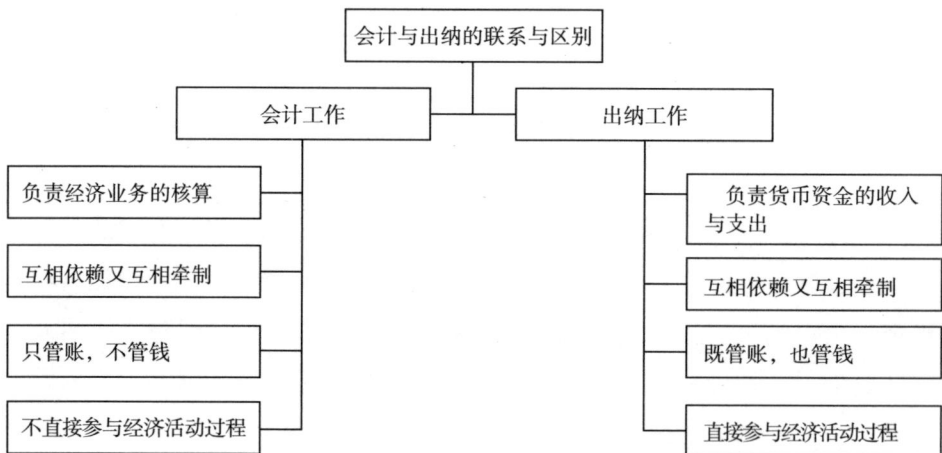

图1-5 会计与出纳的联系与区别

（1）各有各的分工

会计主要负责企业经济业务的核算，通过对企业经济活动的记录，为企业的经济管理和经营决策提供所需要的核算资料；出纳则分管企业票据、货币资金，以及有价证券等的收付、保管、核算工作，为企业经济管理和经营决策提供各种金融信息。

总体上讲，必须实行钱账分管，出纳人员不得兼管稽核和会计档案保管，不得负责收入、费用、债权债务等账目的登记工作。

（2）既互相依赖又互相牵制

出纳、会计之间，有着很强的依赖性。它们核算的依据是相同的，都是会计原始凭证和会计记账凭证。这些作为记账凭据的会计凭证必须在出纳、会计之间按照一定顺序的传递，他们相互利用对方的核算资料，共同完成会计任务，缺一不可。

同时，它们之间又互相牵制与控制。出纳的现金和银行存款日记账与会计的现金和银行存款总分类账，有金额上的等量关系。这样，出纳、会计两者之间就构成了相互牵制与控制的关系，二者之间必须相互核对保持一致。

（3）出纳工作是一种账实兼管的工作，而会计主要是管账

出纳工作，主要是现金、银行存款和各种有价证券的收支与结存核算，以及现金、有价证券的保管和银行存款账户的管理工作。现金和有价证券放在出纳的保险柜中保管；银行存款，由出纳办理收支结算手续。既要进行出纳账务处理，又要进行现金、有价证券等实物的管理和银行存款收付业务。在这一点上和其他财会工作有着显著的区别。除了出纳，其他财会人员是管账不管钱，管账不管物的。

对出纳工作的这种分工，并不违背财务"钱账分管"的原则，这是由于出纳账是一种特殊的明细账，总账会计还要设置"现金""银行存款""长期投资""短期投资"等相应的总分类账对出纳保管和核算的现金、银行存款、有价证券等进行总金额的控制。其中，有价证券还应有出纳核算以外的其他形式的明细分类核算。

（4）出纳工作直接参与经济活动过程

货物的购销，必须经过两个过程，货物移交和货款的结算。其中货款结算，即货物价款的收入与支付就必须通过出纳工作来完成；往来款项的收付、各种有价证券的经营以及其他金融业务的办理，更是离不开出纳人员的参与。

这也是出纳工作的一个显著特点，其他财务工作，一般不直接参与经济活动过程，而只对其进行反映和监督。

1.3　出纳工作的组织

1.3.1　出纳工作岗位的设置

各个企业的实际情况不同，出纳工作的组织内容也不尽相同，但无论哪一种形式，一般都要设置合理的出纳机构，配备必要的出纳人员，并建立各种内部工作职责与制度等。

出纳机构一般设置在会计机构内部，如各企事业单位财会科、财会处内部设置专门处理出纳业务的出纳组、出纳室。《会计法》第三十六条规定："各单位应当根据会计业务的需要，设置会计机构，或者在有关机构中设置会计人员并指定会计主管人员；不具备设置条件的，应当委托经批准设立从事会计代理记账业务的中介机构代理记账。"

会计法对各单位会计、出纳机构与人员的设置并没有硬性规定，而是让企业根据自身情况和实际需要来设定。因此企业应结合自身经济活动的规模、特点、业务量的大小等进行机构设置和人员配置。以工业企业为例，大型企业可在财务处下设出纳科；中型企业可在财务科下设出纳室，小型企业可在财务科下配备专职出纳人员。有些主管公司，为了资金的有效管理和总体利用效益，把若干分公司的出纳业务（或部分出纳业务）集中起来办理，成立专门的内部"结算中心"，这种"结算中心"，实际上也是出纳机构。

1.3.2　出纳人员配备

一般讲，实行独立核算的企业单位，在银行开户的行政、事业单位，有经常性现金收入和支出业务的企业、行政事业单位都应配备专职或兼职出纳人员，担任本单位的出纳工作。出纳人员配备的多少，主要取决于本单位出纳业务量的大小和繁简程度，要以业务需要为原则，既要满足出纳工作量的需要，又要避免徒具形式、人浮于事的现象。一般可采用一人一岗、一人多岗、一岗多人等几种形式：

一人一岗：规模不大的单位，出纳工作量不大，可设专职出纳人员一名。

一人多岗：规模较小的单位，出纳工作量较小，可设兼职出纳人员一名。如无条件单独设置会计机构的单位，至少要在有关机构中（如单位的办公室、后勤部门等）配备兼职出纳人员一名。但兼职出纳不得兼管收入、费用、债权、债务账目的登记工作及稽核工作和会计档案保管工作。

一岗多人：规模较大的单位，出纳工作量较大，可设多名出纳人员，如分设管理收付的出纳人员和管账的出纳人员，或分设现金出纳员和银行结算出纳人员等。

1.3.3　出纳人员的内部分工

单位规模较大、业务复杂、出纳人员有两名以上的单位，要在出纳部门内部实行岗位责任制，从管理的要求和工作便利等方面综合考虑，对出纳人员的工作进行明确的分工。通常可按现金与银行存款，银行存款的不同户头，票据与有价证券的办理等工作性质上的差异进行分工。也可以将整个出纳工作划分为不同的阶段和步骤，按工作阶段和步骤进行分工。对于公司内部"结算中心"式的出纳机构中的人员分工，还可以按不同分公司定岗定人。

1.3.4　出纳工作的回避要求

由于出纳工作的特殊性，特定人员需要回避。《会计基础工作规范》第十六条规定："国家机关、国有企业、事业单位任用会计人员应当实行回避制度。单位领导人的直系亲属不得担任本单位的会计机构负责人、会计主管人员。会计机构负责人，会计主管人员的直系亲属不得在本单位会计机构中担任出纳工作。需要回避的直系亲属为：夫妻关系、直系血亲关系、三代以内旁系血亲以及配偶亲关系。"

1.3.5 出纳工作流程

出纳人员每天要处理大量的经济业务，协调各方面的经济利益关系，如何才能提高工作效率，保证工作质量呢？这就需要制定一个合理而有效的工作流程，使出纳工作有条不紊地执行。出纳人员办理资金收支业务要求有章可循，按照规定程序进行业务处理，保证出纳工作的质量。出纳工作的一般流程如下。

1. 资金收入的处理

（1）清楚收入的金额和来源

出纳人员在收到一笔资金之前，应当清楚地知道要收到多少钱，收谁的钱，收什么性质的钱，再按不同的情况进行分析处理。其基本业务如下：

①确定收款金额。如为现金收入，应考虑库存限额的要求。

②明确付款人。出纳人员应当明确付款人的全称和有关情况，对于收到的背书支票或其他代为付款的情况，应由经办人加以注明。

③收到销售或劳务性质的收入。出纳人员应当根据有关的销售（或劳务）合同确定收款额是否按协议执行，并对预收账款、当期实现的收入和收回以前欠款分别进行处理，保证账实一致。

④收回代付、代垫及其他应付款。出纳人员应当根据账务记录确定其收款额是否相符，具体包括单位为职工代付的水电费、房租、保险金、个人所得税，职工的个人借款和差旅费借款，单位交纳的押金等。

（2）清点收入

出纳员在清楚收入的金额和来源后，进行清点核对，清点时应沉着冷静，不要图快。其业务如下：

①现金清点。现金收入应与经办人当面点清，在清点过程中出纳人员发现短缺、假钞等特殊问题，应由经办人负责。

②银行核实。银行结算收入应由出纳人员与银行相核对，如为电话询问或电话银行查询的，只能作为参考，在取得银行有关的收款凭证后，方可正式确认收入，进行账务处理。

③清点核对无误后，按规定开具发票或内部使用的收据。如收入金额较大的，应及时上报有关领导，便于资金的安排调度，手续完毕后，在有关收

款依据上加盖"收讫"章。

如清点核对并开出单据后，再发现现金短缺或假钞，应由出纳人员负责。

（3）收入退回

如因特殊原因导致收入退回的，如支票印鉴不清、收款单位账号错误等，应由出纳人员及时联系有关经办人或对方单位，重新办理收款。

2.资金支出的处理

（1）明确支出的金额和用途

出纳人员支付每一笔资金的时候，一定要知道准确的付款金额，合理安排资金。

①明确收款人。出纳人员必须严格按合同、发票或有关依据记载的收款人进行付款，对于代为收款的，应当出具原收款人证明材料并与原收款人核实后，方可办理付款手续。

②明确付款用途。对于不合法、不合理的付款应当坚决给予抵制，并向有关领导予以汇报，行使出纳人员的工作权力，用途不明的，出纳人员可以拒付。

（2）付款审批

由经办人填制付款单证，注明付款金额和用途，并对付款事项的真实性和准确性负责。

①有关证明人的签章。经办人的付款用途中，涉及到实物的，应当由仓库保管员或实物负责人的签收；涉及差旅、销售费用等的，应当有证明人或知情人加以证明。

②有关领导的签字。收款人持证明手续完备的付款单据，报有关领导审阅并签字。

③到财务部门办理付款。收款人持内容完备的付款单证，报经会计审核后，由出纳办理付款。

（3）办理付款

付款是资金支出中最关键的一环，出纳人员应当特别谨慎，要用如临深渊、如履薄冰的态度认真对待，因为款一旦付出，发生差错是很难追回的。

严格核实付款金额、用途及有关审批手续。

现金付款，双方应当面点清。在清点过程中发现短缺、假钞等情况，由出纳员负责。

银行付款，开具支票时，出纳人员应认真填写各项内容，保证要素完整、印鉴清晰、书写正确，如为现金支票，应附领票人的姓名、身份证号码及单位证明。办理转账或汇款时，出纳人员书写要准确、清晰、完整，保证收款人能按时收到款项。

付款金额双方确认后，由收款人签字并加盖"付讫"章。如为转账或汇款的，银行单据可直接作为已付款证明。

如确认签字后，再发现现金短缺或其他情况，应由收款经办人负责。

（4）付款退回

如因特殊原因造成支票或汇款退回的，出纳人员应当立即查明原因，如因我方责任引起的，应换开支票或重新汇款，不得借故拖延；如因对方责任引起的，应由对方重新补办手续方可办理。

第 2 章　出纳工作基本功之
——掌握必备的业务技能

本章导读

出纳人员直接掌管一个单位的现金和银行存款，每天都要与成千上万的金钱打交道，所以在经营过程中，出纳人员的道德素质对企业安全运营十分重要。拥有高道德素质并不是对出纳人员的唯一要求，了解工作权限、掌握并遵守财经纪律和财会制度、具备扎实的业务技能是其高效完成工作的重要保障。

那么，要想成为一名合格的出纳人员应该具备哪些具体的素质要求呢？又有哪些基本的业务技能是出纳人员需要掌握的呢？

本章首先列出了出纳人员的基本素质要求，然后针对出纳人员应掌握的基本业务技能进行了详尽地介绍，包括点钞、辨别真假币、规范书写等。

2.1　出纳人员的基本素质要求

做好出纳工作并不是一件很容易的事，它要求出纳人员要有全面精通的政策水平，熟练高超的业务技能，严谨细致的工作作风，如图 2-1 所示，出纳人员应具备以下的基本素质要求：

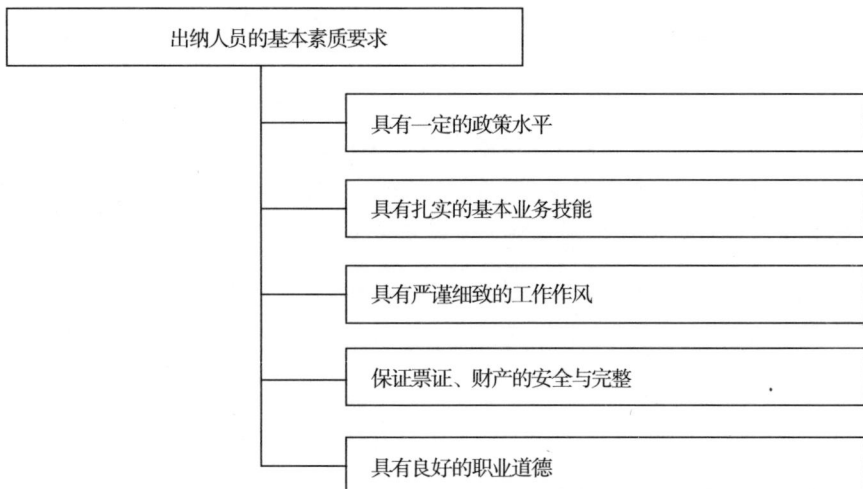

图2-1　出纳人员的基本素质要求

2.1.1　具有一定的政策水平

出纳工作涉及的政策很多，如《会计法》及各种会计制度，现金管理制度及银行结算制度，《会计基础工作规范》，成本管理条例及费用报销额度，税收管理制度及发票管理办法，还有本单位自己的财务管理规定，等等。如果对这些法规、制度不熟悉、不掌握，是绝对做不好出纳工作的。所以，要做好出纳工作的第一件大事就是学习、了解、掌握财经法规和制度，提高自己的政策水平。

2.1.2　具有扎实的基本业务技能

"熟能生巧"这个道理对出纳工作来说是十分适用的，出纳工作需要很强的操作技巧。打算盘、用电脑、填票据、点钞票等，都需要深厚的基本功。

作为专职出纳人员，不但要具备处理一般会计事务的财会专业基本知识，还要具备较高的处理出纳事务的出纳专业知识水平和较强的数字运算能力。出纳的数字运算往往在结算过程中进行，要按计算结果当场开出票据或收付现金，速度要快，又不能出错。因此，不管用计算机、算盘、计算器，还是别的什么运算器，都必须具备较快的速度和非常高的准确性，要做到准中求快。

2.1.3　具有严谨细致的工作作风

由于出纳人员每天都会与钱、票据打交道，稍有不慎就会出现差错和损失，因此出纳人员应具有严谨、细致的工作作风和职业习惯。

出纳人员的工作作风可以概括为：精力集中、有条不紊、严谨细致、沉着冷静。精力集中指工作起来就要全身心地投入，不为外界所干扰；有条不紊指计算器具摆放整齐，钱款票据存放有序，办公环境洁而不乱；严谨细致指认真仔细，做到收支计算准确无误，手续完备，不发生工作差错；沉着冷静指在复杂的环境中能随机应变，若发生问题要沉着冷静地解决，化险为夷。

2.1.4　保证票证、财产的安全与完整

出纳人员保管着企业的现金、有价证券、票据、印鉴，企业要采取一定的保安措施，如建造专门的办公用房，安装防盗门、柜、锁等，财务部门内部也要建立相应的管理办法，如分工管理，各负其责，相互牵制，使安全隐患不易滋生。

出纳人员既要密切配合保安部门的工作，更要增强自身的保安意识，学习保安知识，把保护自身分管的公共财产物资的安全完整作为自己的首要任务来完成。

2.1.5　具有良好的职业道德

出纳人员必须具备良好的职业道德修养，要热爱本职工作，敬业、精业；要科学理财，充分发挥资金的使用效益；要依法办事，遵纪守法，严格监督，并且以身作则；要洁身自好，不贪、不占公家便宜；要实事求是，客观公正，真实地反映经济活动的本来面目，不能徇私枉法；要注意保守机密，不得私自向外界或相关人员泄露企业的会计信息；要竭力为本单位的中心工作、为单位的总体利益、为全体员工服务，牢固树立为人民服务的思想；要坚持原则，维护法律、法规的尊严。

2.2　出纳人员应掌握的基本技能

2.2.1　怎样点钞

掌握正确的点钞技巧是出纳人员必备的素质，出纳人员要通过刻苦锻炼，掌握一种或几种手工点钞方法，做到点钞快、准。

1. 点钞的基本程序

出纳人员在办理现金收付业务时，一般应按下列程序办理：

（1）首先应审查现金收、付款凭证及其所附原始凭证的内容，看其是否填写齐全、清楚，两者内容是否一致。

（2）然后依据现金收、付款凭证的金额，先点整数（即大数），再点零数（即小数），具体说就是先点大额票面金额，再点小额票面金额，结合先点成捆的（暂不拆捆）、成把（卷指铸币）的（暂不拆把、卷），再点零数。在点数过程中，一般应边点数，边在算盘或计算器上加计金额，点数完毕，算盘或计算器上的数字，和现金收、付款凭证上的金额应相同。

（3）从整数至零数，逐捆、逐把、逐卷地拆捆点数，在拆捆、拆把、拆卷时应暂时保存原有的封签、封条和封纸，点数无误后才可扔掉。

（4）点数无误后，即可办理具体的现金收存业务。

2. 点钞的常用方法

点钞可分为手工点钞和机具点钞，机具点钞易学易懂，在此不作赘述。目前，虽然许多单位配备了点钞机，但由于种种原因，机器点完后，出纳人员往往还要用手工再行点验。这就要求出纳人员必须熟练掌握一种或几种手工点钞的方法，刻苦训练，能够既快又准的点验钞票。手工点钞的方法很多，但常用的主要有如下几种方法。

（1）手持式点钞技术

它又分为单指单张点钞法、单指多张点钞法、四指拨动点钞法等几种。其中最常用的是单指单张点钞法，其操作要领为：左手中指和无名指夹住钞票的一端，食指伸直托住钞票背面，大拇指轻按在钞票正面，将钞票呈半扇面形，大拇指尖压在钞票侧面某一适当位置。右手大拇指在票上（相对于面部位置而言），食指、中指在票下，用右手大拇指指尖向下捻动钞票，每捻出一张，就用右手无名指将其弹拨下来，这样连续动作，并同时采用1、2、3……自然记数法。使用此种点钞法，可看到钞票的大部分，易于识别假币和挑出残票，优点多。其缺点是一次记一个数，比较费力。在单指单张点钞法的基础上，可相应发展为单指多张的点钞技术，这里不再赘述。

（2）扇面式点钞法

把钞票捻成扇面形状进行清点的方法就叫扇面式点钞法。其操作要领为：左手持票，把钞票打成一个扇面，每张钞票间隔要均匀，右手中指、无名指托住钞票背面，用右手大拇指一次按下某一固定张数作为一组，然后用右手食指压住，随后大拇指继续向前按第二次，如此反复，直至完成，并同时采用分组记数法。这种点钞法速度快，是手工点钞中效率最高的一种方法。但它只能确认张数，不能看清票面，而且也不利于清点新、旧、破混合钞票。

（3）整点硬币的方法

在实际工作中整点硬币一般有两种方法：手工整点硬币和工具整点硬币。在这里我们主要讲一下手工整点硬币。

手工整点硬币一般常用在收款、收点硬币尾零款，以一百枚为一卷，一次可清点 5 枚、12 枚、14 枚或 16 枚，最多的可一次清点 18 枚，主要是依个人技术熟练程度而定。其操作方法如下：

①拆卷。右手持硬币卷的 1/3 部位，放在待清点完包装纸的中间，左手撕开硬币包装纸的一头，然后右手大拇指向下从左到右端开包装纸，把纸从卷上面压开后，左手食指平压硬币，右手抽出已压开的包装纸，这样即可准备清点。

②点数。按币值由大到小的顺序进行清点，用左手持币，右手拇指食指分组清点。为保证准确，用右手中指从一组中间分开查看，如 1 次点 18 枚为一组，即从中间分开一边 9 枚；如 1 次点 10 枚为一组，一边为 5 枚。记数方法，分组计数，一组为 1 次，如点 10 枚即记 10 次（如点 18 枚为 5 次加 10 枚，其他以此类推）为一卷叠放在包装纸上。

③包装。硬币清点完毕后，用双手的无名指分别顶住硬币的两头，用拇指、食指、中指捏住硬币的两端，将硬币取出放入已准备好的包装纸 1/2 处，再用双手拇指把里半部的包装纸向外掀起掖在硬币底部，再用右手掌心用力向外推卷，然后用双手的中指、食指、拇指分别将两头包装纸压下均贴至硬币，这样使硬币两头压三折，包装完毕。

2.2.2　怎样识别人民币的真假

1. 当前流通的人民币

鉴别假币首先应了解目前使用的人民币的特点。自 1948 年 12 月 1 日发行第一套人民币至今先后发行了五套人民币，其中第一、第二、第三套已不再使用，目前正在使用的是第四套和第五套人民币，其中以第五套人民币为主。第五套人民币于 1999 年开始流通，在基本图案不变的情况下，2005 年又开始发行 2005 年版的第五套人民币，所以当前流通的第五套人民币有 1999 年、2005 年、2015 年、2019 年四种版别。2019 年 8 月 31 日起发行 2019 年版第五套人民币包括 100 元、50 元、20 元、10 元、5 元纸币和 1 角硬币，与 1999 年版、2005 年版、2015 年版第五套人民币同时流通。

2. 1999 年版第五套人民币的防伪特征

人民币上采用印钞专用纸张、水印、凹印、安全线、对印、多色接线、磁性油墨、荧光油墨等多种防伪措施，不同时期发行的人民币其防伪特征也有所不同。

从面额上讲，也以 100 元面额的防伪措施最为完备。

目前流通的 1999 年版第五套人民币 100 元的防伪特征如下：

（1）固定人像水印

位于正面左侧空白处，迎光透视，可见与主景人像相同、立体感很强的毛泽东头像水印。

（2）红、蓝彩色纤维

在票面的空白处，可看到纸张中有红色和蓝色纤维。

（3）磁性微文字安全线

钞票纸中的安全线，迎光观察，可见"RMBl00"微小文字，仪器检测有磁性。

（4）手工雕刻头像

正面主景毛泽东头像，采用手工雕刻凹版印刷工艺，形象逼真、传神、易于识别。

（5）隐形面额数字

正面右上方有一椭圆形图案，将钞票置于与眼睛接近平行的位置，面对光源作平面旋转度或 90 度角，即可看到面额"100"字样。

（6）胶印缩微文字

正面上方椭圆形图案中，多处印有胶印缩微文字，在放大镜下可看到"RMB"和"RMBl00"字样。

（7）光变油墨面额数字

正面左下方"100"字样，与票面垂直角度观察为绿色，倾斜一定角度则变为蓝色。

（8）阴阳互补对印图案

票面正面左下方和背面右下方均有圆形局部图案，迎光观察，正背图案重合并组成一个完整的古钱币图案。

（9）雕刻凹版印刷

正面主景毛泽东头像、中国人民银行行名、盲文及背面主景人民大会堂等均采用雕刻凹版印刷，用手指触摸有明显凹凸感。

（10）横竖双号码

正面采用横竖双号码印刷（均为两位冠字、八位号码）。横号码为黑色，竖号码为蓝色。

3. 2005 年版第五套人民币的防伪特征与 1999 年版的区别

（1）调整了防伪特征布局

2005 年版第五套人民币 100 元、50 元纸币正面左下角胶印对印图案调整到主景图案左侧中间处，光变油墨面额数字左移至原胶印对印图案处，背面右下角胶印对印图案调整到主景图案右侧中间处。

（2）调整防伪特征

①隐形面额数字。调整 2005 年版第五套人民币各券别纸币的隐形面额数字观察角度。2005 年版第五套人民币各券别纸币正面右上方有一装饰性图案，将票面置于与眼睛接近平行的位置，面对光源做上下倾斜晃动，分别可以看到面额数字字样。

②全息磁性开窗安全线。2005 年版第五套人民币 100 元、50 元、20 元纸币将原磁性缩微文字安全线改为全息磁性开窗安全线。2005 年版第五套人民币 100 元、50 元纸币背面中间偏右，有一条开窗安全线，开窗部分分别可以看到由缩微字符"￥100""￥50"组成的全息图案。2005 年版第五套人民币 20 元纸币正面中间偏左，有一条开窗安全线，开窗部分可以看到由缩微字符"￥20"组成的全息图案。

③双色异形横号码。2005 年版第五套人民币 100 元、50 元纸币将原横竖双号码改为双色异形横号码。正面左下角印有双色异形横号码，左侧部分为暗红色，右侧部分为黑色。字符由中间向左右两边逐渐变小。

④雕刻凹版印刷。2005 年版第五套人民币 20 元纸币背面主景图案桂林山水、面额数字、汉语拼音行名、民族文字、年号、行长章等均采用雕刻凹版印刷，用手触摸，有明显凹凸感。

（3）增加防伪特征

①白水印。2005 年版第五套人民币 100 元、50 元纸币位于正面双色异形横号码下方，2005 年版第五套人民币 20 元纸币位于正面双色横号码下方，

迎光透视，分别可以看到透光性很强的水印面额数字字样。

②凹印手感线。2005 年版第五套人民币各券别纸币正面主景图案右侧，有一组自上而下规则排列的线纹，采用雕刻凹版印刷工艺印制，用手指触摸，有极强的凹凸感。

③阴阳互补对印图案。2005 年版第五套人民币 20 元纸币正面左下角和背面右下角均有一圆形局部图案，迎光透视，可以看到正背面的局部图案合并为一个完整的古钱币图案。

④ 2005 年版第五套人民币各券别纸币背面主景图案下方的面额数字后面，增加人民币单位的汉语拼音"YUAN"；年号改为"2005 年"。

⑤ 2005 年版第五套人民币取消各券别纸币纸张中的红蓝彩色纤维。

⑥第五套人民币 1 角硬币的材质由铝合金改为不锈钢。

4. 2015 年版第五套人民币的防伪特征与 2005 年版的区别

与 2005 年版第五套人民币 100 元纸币相比，2015 年版第五套人民币 100 元纸币在保持规格、正背面主图案、主色调等不变的情况下，对图案做了 6 处调整。

（1）取消了票面右侧的凹印手感线、隐形面额数字和左下角的光变油墨面额数字。

（2）票面中部增加了光彩光变数字，票面右侧增加了光变镂空开窗安全线和竖号码。

（3）票面右上角面额数字由横排改为竖排，并对数字样式做了调整；中央团花图案中心花卉色彩由桔红色调整为紫色，取消花卉外淡蓝色花环，并对团花图案、接线形式做了调整；胶印对印图案由古钱币图案改为面额数字"100"，并由票面左侧中间位置调整至左下角。

（4）取消了全息磁性开窗安全线和右下角的防复印标记。

（5）减少了票面左右两侧边部胶印图纹，适当留白；胶印对印图案由古钱币图案改为面额数字"100"，并由票面右侧中间位置调整至右下角；面额数字"100"上半部颜色由深紫色调整为浅紫色，下半部由大红色调整为桔红色，并对线纹结构进行了调整；票面局部装饰图案色彩由蓝、红相间调整为紫、红相间；左上角、右上角面额数字样式均做了调整。

（6）年号调整为"2015 年"。

5. 2019 年版第五套人民币的防伪特征与 2015 年版的区别

2019 年版第五套人民币 50 元、20 元、10 元、1 元纸币分别保持 2005 年版第五套人民币 50 元、20 元、10 元纸币和 1999 年版第五套人民币 1 元纸币规格、主图案、主色调、"中国人民银行"行名、国徽、盲文面额标记、汉语拼音行名、民族文字等要素不变，提高了票面色彩鲜亮度，优化了票面结构层次与效果，提升了整体防伪性能。2019 年版第五套人民币 50 元、20 元、10 元、1 元纸币调整正面毛泽东头像、装饰团花、横号码、背面主景和正背面面额数字的样式，增加正面左侧装饰纹样，取消正面右侧凹印手感线和背面右下角局部图案，票面年号改为"2019 年"。

（1）50 元纸币，正面中部面额数字调整为光彩光变面额数字"50"，左下角光变油墨面额数字调整为胶印对印图案，右侧增加动感光变镂空开窗安全线和竖号码。背面取消全息磁性开窗安全线。

（2）20 元、10 元纸币，正面中部面额数字分别调整为光彩光变面额数字"20""10"，取消全息磁性开窗安全线，调整左侧胶印对印图案，右侧增加光变镂空开窗安全线和竖号码。

（3）1 元纸币，正面左侧增加面额数字白水印，取消左下角装饰纹样。

（4）1 元硬币，直径由 25 毫米调整为 22.25 毫米。正面面额数字"1"轮廓线内增加隐形图文"¥"和"1"，边部增加圆点。材质保持不变。

（5）5 角硬币，材质由钢芯镀铜合金改为钢芯镀镍，色泽由金黄色改为镍白色。正背面内周缘由圆形调整为多边形。直径保持不变。

（6）1 角硬币，正面边部增加圆点。直径和材质保持不变。

6. 常见假钞的特点与类型

单位出纳人员必须具备基本的人民币真伪鉴别知识。按照法律规定，人民币中元币以上为主币，其余角币、分币为辅币。假人民币包括伪造币和变造币。伪造币是指仿照真币原样，利用各种手段非法重新仿制的各类假票币。伪造币一般通过手工描绘、木版、石版、照相制版、机制套印、拓印以及利用彩色复印机复印等方法仿制。变造币指在真币基础上或以真币为基本材料，通过挖补、剪接、涂改、揭层等办法加工处理，使原币改变数量、形态实现升值的假货币。

假币种类包括机制、拓印、复印、照相、描绘、石、木版以及蜡版、油印假币等。其中电子扫描分色制版印刷的机制假币数量最多，伪造水平最高，危害性最大。

目前在流通中常见的假币主要有两种：一种是伪造币，另一种是变造币。

（1）伪造币

伪造币是模仿真票币非法制作、印刷的票币，欺骗性强，极易以假乱真，稍不注意，就会上当受骗。一旦伪造币投入流通，其带来的恶劣影响显而易见，它不仅扰乱了金融市场的秩序，而且也损害了企事业单位和个人的利益，危害极大。

（2）变造币

变造币是将真币变形、涂改面额等手段制作的货币。主要类型有三：第一种，涂改变造币，即使用消字、消色等方法，将小面额票币的金额消去，涂改成大面额的票币。这种变造币，钞票金额数字部位有涂改或用刀刮过的痕迹，花纹、图案、颜色、尺寸都与真钞不符。第二种，拼凑变造币，即使用剪贴的方法，将多张钞票进行剪剪拼拼，从而多拼出钞票的张数。这种变造币，纸幅比真钞短一截，花纹不衔接，钞票背面有纸条或叠压粘贴痕迹。第三种，揭张变造币，是将真钞正、背两面揭开，再贴上其他纸张而成。这种变造币，与真钞相比纸质薄，挺度差，易辨别。

7. 假钞鉴别的常用技巧

（1）纸张识别

人民币纸张采用专用钞纸，主要成分为棉短绒和高质量木浆，具有耐磨、有韧度、挺括、不易折断，抖动时声音发脆响等特点；而假币纸张绵软、韧性差、易断裂，抖动时声音发闷。

（2）水印识别

人民币水印是在造纸中采用特殊工艺使纸纤维堆积而形成的暗记。分满版和固定水印两种。如现行人民币 1 元、2 元、5 元元券为满水印暗记;10 元、50 元、100 元元券为固定人头像水印暗记。其特点是层次分明、立体感强，透光观察清晰。而假币特点是水印模糊，无立体感，变形较大，用浅色油墨加印在纸张正、背面，不需迎光透视就能看到。

（3）凹印技术识别

真币的技术特点是图像层次清晰，色泽鲜艳、浓郁，立体感强，触摸有凹凸感，如1元、10元券人民币在人物、字体、国徽、盲文点处都采用了这一技术。而假币图案平淡，手感光滑，花纹图案较模糊，并由网点组成。

（4）荧光识别

1990年版50元、100元券人民币分别在正面主图景两侧印有在紫外光下显示纸币面额阿拉伯数字"100"或"50"和汉语拼音"YIBAI"或"WUSHI"的金黄色荧光反应，但整版纸张无任何反应。而假币一般没有荧光暗记，个别的虽有荧光暗记但与真币比较，颜色有较大差异，并且纸张会有较明亮的蓝白荧光反应。

（5）安全线识别

真币的安全线是立体实物与钞纸融为一体，有凸起的手感。假币一般是印上或画上的颜色，如加入立体实物，会出现与票面皱褶分离的现象。此外，还可借助仪器进行检测，可用紫外光、放大镜、磁性等简便仪器对可疑票券进行多种检测。

8. 假钞的处理

出纳人员在收付现金时如发现假币，应立即送交附近银行鉴别，由银行开具没收凭证，予以没收处理，如有追查线索的应及时报告就近公安部门，协助侦破；出纳人员如发现可疑币不能断定真假时，不得随意加盖假币戳记和没收，应向持币人说明情况，开具临时收据，连同可疑币及时报送当地中国人民银行鉴定。经中国人民银行鉴定，确属假币时，应按发现假币后的办法处理，如确定不是假币时，应及时将钞票退还持币人。

假币没收权属于银行、公安和司法部门。其他单位和个人如发现假币按上述办法处理或按当地反假币法规所规定的办法办理。

2.2.3 残缺票币的挑剔和兑换

1. 人民币的保护

人民币是中华人民共和国的法定货币，每个公民都有爱护使用人民币的义务，在使用过程中应注意以下几点：收付现钞不要乱揉乱折，整点存放时要平铺整齐；不要在人民币上记数、写串、乱涂、乱划；出售或购买水产、肉类、蔬菜等容易弄湿、弄脏人民币的地方，应注意卫生，采用必要的防护用品，避免弄脏玷污人民币；防止化学药物对人民币的侵蚀，在生活中不要将肥皂洗涤剂与人民币放在一起；不要在硬币上凿字、打眼、锤击等，以免使硬币变形或受损；收藏人民币，要放在干燥、安全的地方，暂时不用的人民币，请存入银行支援国家建设，避免不必要的霉烂、鼠咬等意外损失；对破坏人民币的行为要批评教育，对故意大量破坏者，要追究其法律责任。

2. 残缺人民币挑剔标准

残缺人民币是指由于某种原因明显缺少了一部分的票币。对于以下几种人民币损伤情况，应及时挑出整理，作为残缺人民币处理：

（1）票面缺少部分损及行名、花边、字头、号码、国徽之一的或缺角的。

（2）票面有孔洞直径大于 10 毫米的。

（3）裂口长度超过票面长度（或宽度）五分之一或损及花边、图案的，因票面断裂而粘补的。

（4）票面纸质软、较旧的。

（5）由于油浸、墨渍等造成脏污面积较大（大于 1 平方厘米）或涂写字迹过多，妨碍票面整洁的。

（6）票面变色严重影响图案清晰的。

（7）硬币残缺、穿孔、变形、磨损、氧化损坏花纹的。

3. 残缺人民币的兑换

及时回收市场流通中的损伤、残缺人民币，保持人民币的整洁，维护国家货币的信誉，需要企事业单位、广大群众、银行等各方面的配合，不论是单位还是个人，如果留有不宜流通的损伤、残缺人民币，不要再次使用或对外找付，应挑拣、粘补整理好，随时送存银行或办理兑换。中国人民银行规定：

（1）凡残缺人民币属下列情况之一者，应持币向银行全额兑换：

①票面残缺不超过五分之一，其余部分的图案、文字能照原样连接者；

②票面污损、熏焦、水湿、油浸、变色，但能辨别真假，票面完整或残缺不超过五分之一，票面其余部分的图案、文字能照原样连接者。

（2）票面残缺五分之一以上至二分之一，其余部分的图案、文字能照原样连接者，应持币向银行照原面额半数兑换，但不得流通使用。

（3）凡残缺人民币属于下列情况之一者不予兑换：

①票面残缺二分之一以上者。

②票面污损、熏焦、水湿、油浸、变色不能辨别真假者。

③故意挖补、涂改、剪贴拼凑、揭去一面者。

兑换残缺人民币时，应由持票人填写统一格式的"残缺票币兑换单"，银行经办人员依照标准，在对残缺币真伪、券别和张数等进行仔细辨别后，与持票人共同确定可兑换的金额，在征得持票人同意后，当着持票人的面在残缺票上加盖"全额"或"半额"戳记以及两名经办人员名章后，给予兑换。不予兑换的残缺人民币由中国人民银行收回销毁，不得流通使用。

2.2.4 怎样进行规范的财务书写

出纳人员要不断地填制凭证、记账、结账和对账，经常要书写大量的数字，进行规范的财务书写是出纳人员必须掌握的重要基本功。如果数字书写不正确、不清晰、不符合规范，就会带来很大的麻烦。因此客观上要求出纳人员掌握一定的书写技能，使书写的数字清晰、整洁、正确并符合规范化的要求。

1. 小写金额数字的书写

小写金额是用阿拉伯数字来书写的。具体书写要求如下：

（1）阿拉伯数字应当从左到右一个一个地写，不得连笔

在书写数字时，每一个数字都要占有一个位置，这个位置称为数位。数位自小到大，是从右向左排列的，但在书写数字时却是自大到小，从左到右的。书写数字时字迹工整，排列整齐有序且有一定的倾斜度（数字与底线应成60度的倾斜），并以向左下方倾斜为好；同时，书写的每位数字要紧靠底线但不要顶满格（行），一般每格（行）上方预留1/3或1/2空格位置，用于以后修订错误记录时使用。

（2）阿拉伯数字前面应当书写货币币种符号或者货币名称简写

币种符号与阿拉伯金额数字之间不得留有空白。凡阿拉伯数字前写有币种符号的，数字后面不再写货币单位。人民币符号为"￥"。

（3）角分书写情况

所有以元为单位（其他货币种类为货币基本单位）的阿拉伯数字，除表示单价等情况外，一律填写到角分；无角分的，角位和分位可写"00"，或者符号"—"；有角无分的，分位主应当写"0"，不得用符号"—"代替。

（4）各个数字的书写基本要求

"1"字不能写得比其他数字短，以免篡改。

"2"字不能写成"Z"，以免改作3。

"3"字要使起笔处至转弯处距离稍长，不应太短，同时转弯处要光滑，避免被误认为5。

"4"字的"∠"要写成死折，使其不易改作6。

"5"字的短横与"称钩"必须明显，以防与8混淆。

"6"字起笔要伸至上半格四分之一处，下圈要明显，使其不易改作4或8。

"7"字上端一横要既明显又平直，折划不得圆滑，易与1和9相区别。

"8"字要注意上下两圈儿明显可见。

"9"字的小圈儿要闭合，并且一竖要稍长，略出行，使其不易与4混淆。

"0"字不要写小，并要闭合，以免改作9，连写几个"0"时，不要写连线。

2. 大写金额数字的书写

大写金额是用汉字大写数字：零、壹、贰、叁、肆、伍、陆、柒、捌、玖、拾、佰、仟、万、亿等来书写的。具体书写要求如下：

（1）以上汉字大写数字一律用正楷或者行书体书写，不得用零、一、二、三、四、五、六、七、八、九、十、百、千等简化字代替，不得任意自造简化字。

（2）大写金额数字到元或者角为止的，在"元"或者"角"字之后应当写"整"字或"正"字；大写金额数字有分的，分字后面不再写"整"或"正"字。

（3）大写金额数字前未印有货币名称的，应当加填货币名称，货币名称与金额数字之间不得留有空白。如"人民币伍佰元正"。

（4）阿拉伯金额数字中间有"0"时，汉字大写金额要写"零"字，阿拉伯数字金额中间连续有几个"0"时，汉字大写金额中可以只写一个"零"字；阿拉伯金额数字元位是"0"，或者数字中间连续有几个"0"、元位也是"0"，但角位不是"0"时，汉字大写金额可以只写一个"零"字，也可不写"零"字。

（5）大写金额中"壹拾几""壹佰（仟、万）几"的"壹"字，一定不能省略，必须书写。因为，"拾、佰、仟、万、亿"等字仅代表数位，并不是数字，如表2-1所示。

表2-1　大写金额数字的规范书写

正楷	壹 贰 叁 肆 伍 陆 柒 捌 玖 拾 佰 仟 万 亿 零 整 圆 角 分
行书	壹 贰 叁 肆 伍 陆 柒 捌 玖 拾 佰 仟 万 亿 零 整 圆 角 分

2.2.5　如何保管好企业的票据与印鉴

出纳具有保管公司的现金、各种票据、印鉴的职责。其中，票据和印鉴在出纳工作中具有重要的地位，对它们的妥善保管是出纳人员必须注意的一项工作。票据和印鉴的保管主要包括对空白票据、印章和有价证券的保管。

1. 空白收据的保管

空白收据即未填制的收据。空白收据一经填制，并加盖印鉴后，就可成为办理转账结算和现金支付的书面证明，直接关系到单位资金的准确、安全和完整。空白收据一般应由主管会计人员保管。与支票一样，应设置"空白收据登记簿"，认真填写空白收据的领用日期、领用单位，并由领用人签字。用完后要及时办理归还和注销手续。空白收据不得带出单位使用，不得转借、赠送或买卖；作废的收据应加盖"作废"印鉴，并连同存根一起保管，不得撕毁、丢失。

2. 印章和印签的保管

出纳使用的印章必须妥善保管，严格按照规定的用途使用，不得将印章随意存放或带出工作单位。用于签发支票的各种预留银行印鉴章应由主管会计人员或其他指定人员保管，不能由出纳一人保管。

企业如果发生印鉴遗失或需要更换预留银行印鉴，应向开户银行提出申请，填写"印鉴变更申请书"，与证明情况的公函一并交银行审核，经银行同意后，在银行发给的新印鉴卡的背面加盖原预留银行印鉴，在正面加盖新更换的印鉴，与银行约定新印鉴的启用日期。

3. 支票的保管

各单位为了结算，一般都从银行领购并保留一定数量的空白支票以备使用。支票是一种支付凭证，一旦填写了有关的内容，并加盖预留在银行的印鉴后，即可直接从银行提取现金，或与其他单位进行结算。因此，存有空白支票的单位，对空白支票必须严格管理。对空白支票的保管主要应当注意以下几个方面：

①贯彻票、印分管原则，即空白支票和印章应分别指定专人负责保管，不得由同一人负责保管。

②单位撤销、合并、结清账户时，应将剩余的空白支票，填列一式两联清单，全部交回银行注销。清单一联由银行盖章后退交收款人，一联作为清户传票附件。

③对事先不能确定采购物资的单价、金额的，经单位领导批准，可将填明收款人名称和签发日期的支票交采购人员，明确用途和款项限额，适用支票人员回单位后必须及时向财务部门结算。

④设置"空白支票签发登记簿"，经单位领导批准，出纳人员签发空白支票后，应在"空白支票签发登记簿"加以登记。

4. 有价证券的保管

有价证券是指具有一定票面价格，能够给它的持有人定期带来收入的所有权或债权凭证。企业持有的有价证券是企业资产的一个组成部分，具有与现金相同的性质和价值。企业拥有的有价证券通常包括国库券、特种国债、国家重点建设债券、地方债券、金融债券、企业债券和股票等，从广义上说，有价证券还包括汇票、支票、提货单等。

由于有价证券能够变现，具有与现金相同的性质和价值。所以，企业持有的有价证券必须由出纳人员按照与货币资金相同的要求进行管理。具体有以下几点注意事项：

（1）必须由出纳人员放入保险箱保管，而不能由经办人自行保管。

（2）出纳人员对自己负责保管的各种有价证券，要专设登记簿进行详细地登记。登记簿应该按有价证券的种类分别开设账页，详细登记有价证券的名称、面额、批次、张数、开始保管日期、原定还本日期、兑现取款日期、转出或移交日期、备注等。登记簿不要和有价证券一起放入保险柜，而应该另行存放，实行"账、证分管"。登记簿登记的账面金额应该与总账会计的相关账户余额相等。

（3）业务人员提取有价证券外出办理相关事项时，应该办理类似于现金借据的正规手续交给出纳，作为支取有价证券的凭证；交回有价证券时，再由出纳在借据上加盖注销章后退还给出据人。

（4）出纳人员对自己保管的各种有价证券的面额和号码应该保密。办理有价证券的出纳不得由非专业人员充任，不得兼任其他机构有关财务会计职务，不得对外作财务方面的保证。

第 3 章　出纳会计基础知识之
——记账方法

本章导读

"出纳是管钱的，会计是做账的"，这几乎成了很多人对出纳、会计工作内容的固定看法。其实，出纳人员在日常工作中，不仅"管钱"还要"做账"，即在管理现金和银行存款的同时，要编制相应的会计凭证并据以登记会计账簿。

不立规矩无以成方圆，会计记账必须采用合适的方法并根据一定的规则来进行，才能够保证记账的准确性，避免出现各种失误。所以出纳人员应掌握一定的会计基础知识，特别是记账方法；记好账，做到账实一致，是对出纳工作最基本的要求之一。

本章首先介绍了会计的相关知识，包括定义、职能与作用、基本假设、核算原则等，然后介绍了会计的六大要素、会计科目及账户的设置，并引入会计凭证和会计账簿；最后介绍了我国会计记账使用的借贷记账法。

3.1 认识会计

3.1.1 什么是会计

会计是一个商业信息提供系统，把企业有用的各种经济业务，统一成以货币为计量单位，通过记账、算账、报账的程序来提供反映企业财务状况和经营成果的经济信息。简单地说，会计就是把企业杂乱无章的会计数据归纳整理，加工编制成有用的财务信息的信息处理系统。

3.1.2 会计的职能与作用

1.会计的职能

关于会计的职能，概括地讲包括会计核算和会计监督两个方面，细分的话则包括反映经济活动、控制经济活动、评价经营业绩、参与经济决策、预测经济前景等五项职能，其中，反映和控制是最基本的两项职能。如图3-1所示，会计的职能主要体现在以下方面。

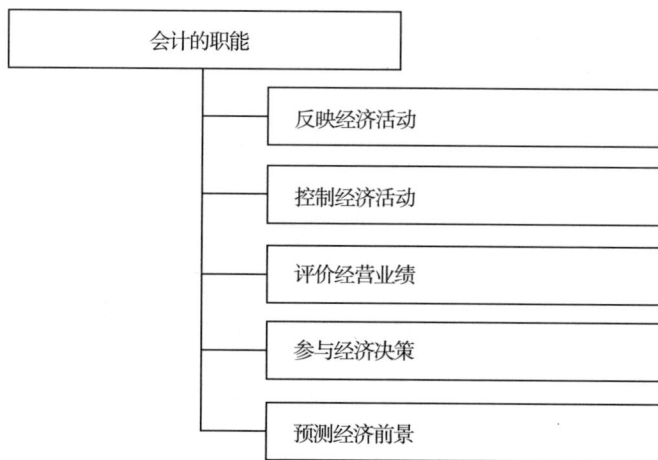

图3-1 会计的职能

（1）反映经济活动

会计信息系统所提供的信息具有连续、系统、全面、综合的特点，不仅能反映出一个会计主体的财务状况、财务状况的变化及其经营成果，而且能够以货币形式再现企业的生产经营活动，为经济管理提供了很大的方便。

（2）控制经济活动

具体表现在以下三个方面：

第一，财务会计的专门方法包括填制凭证、设置账户、复式记账、登记账簿、成本计算、财产清查和编制报表等，使得会计成为严密的信息系统，具有保护性的控制作用（保证会计信息的正确性与真实性）。

当然，会计还具有保护资产安全、明确产权的作用。

第二，会计确认运用一定标准，明确哪些数据可以并在什么时候进入该系统，以及如何进行报告。会计提供这种"过滤"的作用，可以控制经济活动的合法性与合理性。

第三，会计信息能够揭示实际与计划或预算的偏差，便于修订计划或预算。

（3）评价经营业绩

具体说来，财务会计可以通过定期编制财务报表，揭示一个企业的财务及其变动情况和最终经营业绩；可以通过对财务报告的分析，肯定成绩，找出差距，提出改进措施。

（4）参与经济决策

会计提供收集数据、提供信息，预测建立目标并讨论各种方案，能够选择最优方案。

据估计，企业在经营管理中所需要的信息 70% 以上来自会计信息系统。当然，在整个决策过程中，会计只能支持决策而无法代替决策，会计所起的是"参谋"作用，即"参与"的意思。

（5）预测经济前景

企业为了确定恰当的经营管理目标，必须收集大量历史的和当前的信息。通过会计财务报告中具有预测价值的历史信息，能够预测企业的经营前景。特别应提到的是，在西方国家，还明确规定在财务报表以外的其他财务报告中应披露预测信息，在我国也进行了相应的规定。

2. 会计的作用

会计以货币为主要计量单位，反映和监督一个单位经济活动的经济管理工作。在企业内部，会计主要反映财务状况、经营成果和现金流量，并对企业经营活动和财务收支进行监督。如图 3-2 所示，会计信息的作用主要体现在以下几个方面。

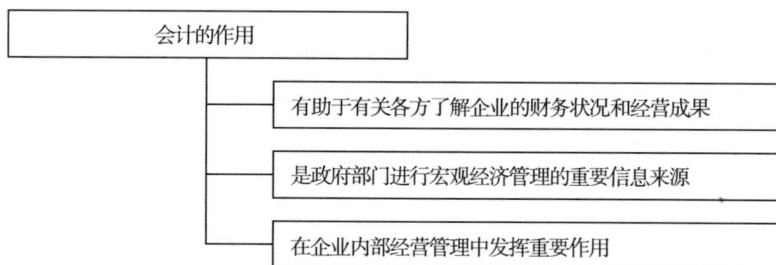

```
┌─────────────────────┐
│      会计的作用      │
└─────────────────────┘
    │   ┌──────────────────────────────────────┐
    ├───│ 有助于有关各方了解企业的财务状况和经营成果 │
    │   └──────────────────────────────────────┘
    │   ┌──────────────────────────────────────┐
    ├───│ 是政府部门进行宏观经济管理的重要信息来源 │
    │   └──────────────────────────────────────┘
    │   ┌──────────────────────────────────────┐
    └───│ 在企业内部经营管理中发挥重要作用        │
        └──────────────────────────────────────┘
```

图3-2　会计的作用

（1）有助于有关各方了解企业的财务状况和经营成果

会计要为企业外部各有关方面了解其财务状况、经营成果和现金流量提供信息，包括企业所控制资源的规模和结构、资产的流动性、偿债能力、盈利水平、现金流量等。会计信息应当满足以下几个方面的需求：

第一，会计信息要满足投资者进行投资决策的需要。

第二，会计信息要满足债权人进行信贷决策的需要。

第三，会计信息要有助于企业的供货单位和客户进行商业决策，评价经营风险，比如是否签订经济合同、是否给予商业信用，等等。

（2）是政府部门进行宏观经济管理的重要信息来源

会计信息是经济决策的依据，也是国家宏观经济管理部门制订财政经济政策、开展宏观调控的依据。

第一，会计信息是国家对企业经济活动的合法性、合规性进行监督的重要信息来源。

第二，会计信息是国家制定和实施宏观经济政策的重要基础信息。

第三，国家在制定税法、进行税收征管时，一般都要以会计记录和会计信息为依据，在会计信息的基础上进行必要调整，因此会计信息是国家税收管理的重要依据。

（3）在企业内部经营管理中发挥重要作用

实际上，财务报告有关企业财务状况、经营成果和现金流量信息。既是管理会计工作的基础和出发点，同时也是内部经营管理的直接信息来源。

第一，会计信息有助于包括融资战略、技术创新、市场营销等在内的企业发展战略的研究和制订。

第二，会计信息有助于加强财务、成本、资金、人才、质量等各方面的管理工作，为各项职能管理提供必要信息。

第三，会计信息有助于防范和化解信用风险，发挥会计信息的预警作用。

3.1.3　会计的基本假设

会计的基本假设即核算的基本前提，是对会计核算所处的时间、空间环境所作的合理设定。会计核算对象的确定、会计方法的选择、会计数据的搜集等，都要以此为依据。如表 3-1 所示，会计核算的基本前提包括会计主体、持续经营、会计分期和货币计量。

表 3-1　会计核算的基本前提

基本前提	概念	《小企业会计制度》的具体规定
会计主体	会计工作为其服务的特定单位或组织	指在中华人民共和国境内设立的，在可预计的时期内持续经营，不对外筹集资金、经营规模较小的法人企业
持续经营	在正常情况下，企业按照既定的经营方针、目标、形式，无限期地经营下去，即在可预见的未来，该会计主体不会停业或破产清算	小企业的会计核算应当以持续、正常的生产经营活动为前提
会计分期	为了及时地获得会计信息，充分发挥会计的反映和监督职能，应当合理地划分会计期间，即进行会计分期	会计核算应当划分会计期间，分期结算账目和编制财务会计报告。会计期间通常为 1 年，1 年称为一个会计年度。会计期间既可以与日历年度一致（我国采用），也可以不一致。月份、季度也是一种会计期间
货币计量	用币值稳定的货币作为会计的计量手段，将会计主体的经济活动和财务状况的数据转化为按统一货币单位反映的会计信息	小企业的会计核算以人民币为记账本位币。业务收支以人民币以外的货币为主的小企业，可以选定其中一种货币作为记账本位币，但编报的财务会计报告应当折算为人民币

3.1.4 会计核算的一般原则

会计核算的一般原则是进行会计核算的指导思想和衡量会计工作成败的标准。如表 3-2 所示，会计核算的一般原则具体分为以下几类：

表 3-2　企业会计核算的一般原则

会计信息质量要求一般原则	客观性原则	指企业的会计核算应当以实际发生的交易或事项以及证明经济业务发生的合法凭证为依据，如实反映其财务状况和经营成果，做到内容真实、数字准确、手续齐备、资料可靠
	实质重于形式原则	企业应当按照交易或事项的经济实质进行会计核算，而不应仅以法律形式作为会计核算的依据
	相关性原则	企业提供的会计信息应当能够反映企业的财务状况、经营成果和现金流量，以满足有关利益各方了解企业财务状况和经营成果的需要
	一贯性原则	企业对同一类会计事项，所采用的会计核算方法和程序前后各期应当保持一致，不得随意变更
	可比性原则	企业的会计核算应当按照会计准则和会计制度规定，提供口径一致、相互可比的会计信息
	及时性原则	会计事项的处理必须于经济业务发生时及时进行会计处理，不得提前或延后
	明晰性原则	企业的会计核算和编制的财务会计报告应当清晰明了，便于理解和运用
	重要性原则	企业的会计核算应当遵循重要性原则，在会计核算过程中对交易或事项应当区别其重要性程度，采用不同的会计核算方法，有简有详，繁简适当，区别对待
会计确认、计量的一般原则	权责发生制原则	企业的会计核算应当以权责发生制为基础，凡在当期已经实现的收入和已经发生或应当负担的费用，不论款项是否收付，都应作为当期的收入和费用；凡是不属于当期的收入和费用，即使款项已在当期收付，也不应作为当期的收入和费用
	配比原则	企业在进行会计核算时，收入与其成本、费用应当相互配比，同一会计期间内的各项收入与其相关的成本、费用，应当在该会计期间内确认

续表

会计确认、计量的一般原则	历史成本原则	企业的各项资产在取得或购建时应当按照实际成本计量
	划分收益性支出与资本性支出的原则	企业的会计核算应当合理划分收益性支出与资本性支出的界限。凡支出的效益仅于本年度（或一个营业周期）的，应当作为收益性支出；凡支出的效益及于几个会计年度（或几个营业周期）的，应当作为资本性支出
	谨慎性原则	在资产、负债的计价及损益确认时，如果有两种或两种以上的方法或金额可供选择时，应选择不高估资产或收益，少计负债或费用的方法。不预计任何可能的收益，但应合理预计可能发生的损失和费用

3.1.5 六大会计要素

会计要素是会计核算对象的基本分类，是设定会计报表结构和内容的依据，也是进行确认和计量的依据。对会计要素加以严格定义，就能为会计核算奠定坚实的基础。我国《企业会计准则》将企业会计要素划分为资产、负债、所有者权益、收入、费用与利润六大要素。

资产、负债及所有者权益构成资产负债表的基本框架，是反映财务状况的会计要素；收入、费用及利润构成利润表的基本框架，是反映经营成果的会计要素，因此这六项会计要素又称为会计报表要素。

关于会计要素的概念、特征、举例等具体的内容，如表 3-3 所示。

表 3-3 会计要素一览表

会计要素	概念	基本特征	主要的类别
资产	指过去的交易、事项形成并由企业拥有或控制的资源，该资源预期会给企业带来经济利益流入	①资产是由过去的交易或事项形成的；②资产由企业拥有或控制的；③资产预期会给企业带来经济利益	按流动性分为流动资产、长期投资、固定资产、无形资产及其他资产等

续表

会计要素	概念	基本特征	主要的类别
负债	指过去的交易、事项形成的现时义务，履行该义务预期会导致经济利益流出企业	①负债是基于过去的交易或事项形成的；②负债是企业承担的现时义务；③现时义务的履行，通常关系到企业放弃含有经济利益的资产；④负债通常是在未来某个时日通过交付资产、提供劳务或举新债还旧债	按其流动性分为流动负债和长期负债
所有者权益	指所有者在企业资产中享有的经济利益，其金额为资产减去负债后的余额，即净资产	属于企业所有者对企业的投入资本	实收资本、资本公积、盈余公积和未分配利润等
收入	指企业在销售商品、提供劳务及让渡资产使用权等日常经营活动中所形成的经济利益的总流入	形成经济利益的总流入	①商品销售收入；②提供劳务取得的收入；③让渡资产使用权所获得的收入
费用	指企业为销售商品、提供劳务等日常活动所发生的经济利益的流出	①最终会减少企业的资源；②最终会减少企业的所有者权益	产品生产成本由直接材料、直接人工和制造费用三个成本项目构成；期间费用包括管理费用、财务费用和营业费用三项
利润	指企业在一定会计期间的经营成果	总收入减去各种成本、费用后的余额	包括营业利润、投资收益、补贴收入、营业外收入和营业外支出、所得税等

3.1.6 会计核算方法主要有哪些

会计核算方法是对企业已发生的经济活动进行完整的、连续的、系统的会计核算和监督所应用的方法。会计核算的方法，一般是指会计活动中用于实现其职能的各种程序、制度、方法。主要包括：设置会计科目、复式记账、填制和审核凭证、登记账簿、成本计算、财产清查和编制会计报表。这些具体会计方法的详细内容如表 3-4 所示。

表 3-4　会计核算的具体方法

序号	会计方法	备注
1	设置会计科目	会计科目就是对会计对象的具体内容进行分类核算的项目。设置会计科目就是事先在设计会计制度时规定这些项目，然后根据它在账簿中开立账户，分类地、连续地记录各项经济业务
2	复式记账	复式记账是对每一项经济业务都要以相等的金额，在相互关联的两个或两个以上账户中进行记录的记账方法。这种记账方法能够全面、清晰地反映出经济业务的来龙去脉，可以检查有关业务的记录是否正确
3	填制和审核凭证	会计凭证是记录经济业务、明确经济责任的书面证明，是登记账簿的重要依据。所有凭证都要经过会计部门和有关部门的审核，只有经过审核无误的会计凭证，才能作为记账的依据。填制和审核会计凭证可以为经济管理提供真实可信的数据资料，也是实行会计监督的一个重要方面
4	登记账簿	账簿是用来全面、连续、系统地记录各项经济业务的簿籍。登记账簿就是将发生的经济业务序时、分类地记入有关账簿。登记账簿必须以凭证为根据，并定期进行结账、对账，为编制会计报表提供完整而又系统的会计数据
5	成本计算	成本计算是指在生产经营过程中，按照一定对象归集和分配发生的各种费用支出，以确定该对象的总成本和单位成本的一种专门方法。通过成本计算，可以反映和监督各项费用的发生是否符合节约原则，了解成本水平，并为成本分析提供资料
6	财产清查	财产清查，就是通过对实物、现金的实地盘点相对银行存款、债权债务的查对，来确定财产物资、货币资金和债权债务的实存数，并查明账面结存与实存数是否相符的一种专门方法。若发现账实不符，查明原因，经过批准手续调整账目，使账实相符
7	编制会计报表	会计报表是根据账簿记录定期编制的、总括反映企业和行政单位在一定时期财务状况和经营成果的书面文件。会计报表为人们了解和观察企业的生产经营情况，衡量和评价企业的财务状况和经营成果，提供必要的依据

上述七种方法密切结合，形成完整的会计方法体系。经济业务发生后，经办人员要填制或取得凭证，经会计人员审核整理后，按照设置的会计科

目，运用复式记账法，编制记账凭证，并据以登记账簿，计算成本，进行财产清查，在账实相符的基础上，编制会计报表。

3.2 会计科目和会计账户

3.2.1 什么是会计科目

1. 会计科目的含义

会计科目，就是对六大会计要素的进一步分类，它是账户的名称，也是平时做账及编制报表的主要内容。例如，存放在企业的用作零星开支的现金，记账时使用的会计科目就叫"现金"；企业存放在银行的货币资金，记账时使用的会计科目就叫"银行存款"；车间生产出的产品，记账时使用的会计科目叫"产成品"；等等。会计科目的名称往往能够直接体现经济业务的内容。

2. 会计科目的分类

会计科目按业务内容分类，一般分为以下五大类：

（1）资产类科目，如库存现金、银行存款、原材料、固定资产、无形资产等。

（2）负债类科目，如短期借款、应付账款、应付票据、应交税金等。

（3）所有者权益类科目，如实收资本、盈余公积、本年利润、未分配利润等。

（4）成本类科目，如生产成本、制造费用等。

（5）损益类科目，如产品销售收入、产品销售成本、产品销售税金及附加、管理费用、投资收益等。

此外，会计科目还可按核算详略，分为总分类账科目和明细分类账科目。

3. 会计科目的作用

会计科目是进行各项会计记录和提供会计信息的基础，在会计核算中具有重要意义：

（1）会计科目是复式记账的基础。

（2）会计科目是编制记账凭证的基础。

（3）会计科目为成本计算与财产清查提供了前提条件。

（4）会计科目为编制会计报表提供了方便。

3.2.2　常用会计科目的设置

1. 会计科目设置的原则

会计科目作为反映会计要素的构成及其变化情况，为投资者、债权人、企业经营管理者等提供会计信息的重要手段，在其设置过程中应努力做到科学、合理、适用，满足下列原则：

（1）合法性原则

为了保证会计信息的可比性，所设置的会计科目应当符合国家统一的会计制度的规定。

（2）相关性原则

会计科目的设置，应为提供有关各方所需要的会计信息服务，满足对外报告与对内管理的要求。

（3）实用性原则

企业的组织形式、所处行业、经营内容及业务种类等不同，在会计科目的设置上亦应有所区别。在合法性的基础上，应根据企业自身特点，设置符合企业需要的会计科目。

2. 常用会计科目表

为了便于掌握和运用会计科目，保证会计核算工作正常、及时地进行，对常用会计科目常常由有关行业会计制度规定一个统一的会计科目表。

对于一些确需增补或合并统一规定的会计科目的企、事业单位，在统一会计科目表的基础上做适当地调整，再编列成会计科目表，这样有利于在会计工作中随时查考。如表 3-5 所示，就是《企业会计制度》规定的常用的会计科目。

3. 会计科目编号

会计科目编号的常用方法是"数字编号"，一般用三位或四位数字作为每个会计科目的号码；每一组数字作为每个会计科目的号码，其中每一位数字都有特定的涵义。

（1）从左至右的第一位数字表示会计科目的主要大类。例如，用1表示资产类，2表示负债类，3表示所有者权益类等。

（2）第二位数字和第三位数字等表示每一大类内部的顺序编号。如资产类编号的三位数中用0表示货币资金，用2表示存货等；又如用01表示货币资金中的现金，用21表示存货中的材料采购等。

4.会计科目的级次

会计科目按其所提供信息的详细程度及其统驭关系不同，又分为总分类科目和明细分类科目。

（1）总分类科目是对会计要素具体内容进行总括分类，提供总括信息的会计科目，如"应收账款""应付账款""原材料"等；

（2）明细分类科目是对总分类科目作进一步分类，提供更详细更具体会计信息的科目，如"应收账款"科目按债务人名称或姓名设置明细科目，反映应收账款的具体对象；"应付账款"科目按债权人名称或姓名设置明细科目，反映应付账款的具体对象；"原材料"科目按原材料及材料的种类、规格等设置明细科目，反映各种原材料的具体构成内容。

（3）对于明细科目较多的科目，可在总分类科目与明细分类科目之间设置二级或多级科目。

表3-5　会计科目提供指标详细程度的分类

总科目（一级科目）	明细分类科目	
	二级科目（子目）	三级科目（细目）
生产成本	××车间	××产品 ××产品
其他应收款	备用金	××部门或个人
固定资产	房屋建筑物	爱国楼 图书馆 行政楼

3.2.3　会计账户及其结构

1. 账户的概念

会计科目只是对会计对象具体内容进行分类的项目或名称，还不能进行具体的会计核算。为了全面、序时、连续、系统地反映和监督会计要素的增减变动，还必须设置账户。账户是根据会计科目设置的，具有一定格式和结构，用于分类反映会计要素增减变动情况及其结果的载体。

设置账户是会计核算的重要方法之一，账户使原始数据转换为初始会计信息，通过账户可以对大量复杂的经济业务进行分类核算，从而提供不同性质和内容的会计信息。由于账户以会计科目为依据，因而某一账户的核算内容具有独立性和排他性，并在设置上要服从于会计报表的编报要求。

同会计科目的分类相对应，账户也分为总分类账户和明细分类账户。根据总分类科目设置的账户称为总分类账户，根据明细分类科目设置的账户称为明细分类账户。根据会计科目的内容分类，账户可分为资产类账户、负债类账户、所有者权益类账户、成本类账户、损益类账户五类。

2. 账户的基本结构

从数量上看，发生经济业务所引起的会计要素变动，无非是增加和减少两个方面，因而账户也分为左方、右方两个方向，一方登记增加；另一方登记减少。至于哪一方登记增加，哪一方登记减少，取决于所记录经济业务和账户的性质。登记本期增加的金额，称为本期增加发生额；登记本期减少的金额，称为本期减少发生额；增减相抵后的差额，称为余额，余额按照表示的时间不同，分为期初余额和期末余额，其基本关系如下：

（1）对于资产类科目：

期末余额=期初余额+借方发生额−贷方发生额

（2）对于负债及所有者权益类科目：

期末余额=期初余额−借方发生额+贷方发生额

账户的结构则如表 3-6 所示。

表 3-6   账户名称（会计科目）

年		凭证号数	摘要	借方	贷方	借或贷	余额
月	日						

3.3   会计凭证与会计账簿

在出纳的日常工作中，填制会计凭证、登录会计账簿是出纳人员的一项重要工作（当然主要是和货币资金有关的会计凭证和会计账簿），在这里我们主要介绍一下会计凭证与会计账簿的基本知识。

3.3.1   会计凭证及其分类

会计凭证，是记录经济业务的具体内容，明确经济责任的书面文件。按照填制程序和用途，会计凭证可分为原始凭证和记账凭证。

1. 原始凭证

原始凭证又称为单据，是在一个企业经济业务发生或完成时取得或填制的，用以记录或证明经济业务的发生或完成情况的原始凭据。原始凭证是会计核算的原始资料和重要依据。

原始凭证按照来源不同，分为外来原始凭证和自制原始凭证；按填制手续及内容不同，可分为一次凭证、累计凭证和汇总凭证。

外来原始凭证即从外面取得的原始凭证。它是指在经济业务发生或完成时，从其他单位或个人直接取得的原始凭证，如购买货物时取得的增值税专用发票及铁路运单，对外单位支付款项时取得的收据，职工出差取得的飞机票、火车票等。

2. 记账凭证

记账凭证是会计人员根据审查后合理合规的原始凭证，按照会计科目加以归类，并据以确定会计分录后所填制。学会了记账凭证就相当于掌握了会计的语言。有了这个基础，企业管理者阅读会计报表时就不那么困难了。

不同的企业记账凭证虽不完全相同，但其基本内容却大体一致，包括：凭证的名称、编号、填制日期；填制单位的名称；经济业务内容摘要；会计科目的借贷方及金额；附件张数；制证、审核、记账等有关人员签名或盖章。

记账凭证按其所反映的经济内容不同，一般分为收款凭证、付款凭证和转账凭证。

（1）收款凭证，是指用于记录现金和银行存款收款业务的会计凭证。

（2）付款凭证，是指用于记录现金和银行存款付款业务的会计凭证。

（3）转账凭证，是指用于记录不涉及现金和银行存款的其他业务的会计凭证。

3.3.2　会计账簿的概念及其分类

会计账簿，是指由一定格式账页组成的，以会计凭证为根据，对各项经济业务连续、系统、全面地反映在账册中的簿记。会计账簿可分为以下种类。

1. 按用途不同，账簿可以分为日记账、分类账和备查簿

（1）日记账也称序时账，是指按经济业务发生的顺序逐日逐笔登记的账簿。实践中应用最多的是现金日记账和银行存款日记账。

（2）分类账是指按总分类账户和明细分类账户进行分类登记的账簿。按总分类账户分类登记的账簿称为总分类账，按明细分类账户分类登记的账等称为明细分类账。总分类账提供总括的会计信息，明细分类账提供详细的会计信息，两者相辅相成，互为补充。

（3）备查簿是指对某些在日记账和分类账中未记录或记录不全的经济业务进行补充登记的账簿。如经营性租入固定资产备查簿、受托加工物资备查簿等。

2. 按照格式不同，账簿可以分为三栏式账簿、多栏式账簿和数量金额式账簿

（1）三栏式账簿是指采用借方、贷方、余额三个主要栏目的账簿。总分类账、日记账等一般采用这种格式。

（2）多栏式账簿是指采用一个借方栏目，多个贷方栏目或一个贷方栏目、多个借方栏目的账簿。收入账、成本账、费用账一般采用这种格式。

（3）数量金额式账簿是指采用数量与金额双重记录的账簿。材料明细账一般采用这种格式。

3. 按外形不同，账簿可以分为订本账、活页账和卡片账

设置和登记账簿，是编制会计报表的基础，是联结会计凭证与会计报表的中间环节，在会计核算中具有重要意义：

（1）通过账簿的设置和登记，记载、储存会计信息。

（2）通过账簿的设置和登记，分类、汇总会计信息。

（3）通过账簿的设置和登记，检查、校正会计信息。

（4）通过账簿的设置和登记，编表、输出会计信息。

3.3.3 总分类账和明细分类账

1. 总分类账和明细分类账

会计科目根据反映核算指标的详细程度，可分为总账科目和明细科目，相应地，账户也有总分类账户和明细分类账户之分。总分类账户是用以综合反映各个会计要素增减变化及其结果的账户；明细分类账户是用来详细反映会计要素的增减及其变化结果的账户。

总分类账户和所属明细分类账户的核算内容应该是一样的，只是在反映资金增减变化的详细程度上有所不同。总分类账户是明细分类账户的汇总，而明细分类账户就是总分类账户的详细说明。所以，在实际工作中，总是把总分类账户叫作所属明细分类账户的"统驭账户"，而把明细分类账户叫作总分类账户的"辅助账户"。由此可知总分类账户和明细分类账户在核算过程中，记账的方法和计量的金额应该是相同的。

2. 总分类账和明细分类账的平行登记

因为现行的记账方法主要是借贷复式记账法，所以在借贷记账法下，总分类账户与明细分类账户之间的平行登记，可归纳为以下几点。

（1）每项经济业务，在记入相关总分类账户的同时，必须记入所属的明细分类账户。若一项经济业务涉及某一个总分类账户所属的几个明细分类账户，则应分别记入相关的几个明细账户。

（2）每项经济业务，在总分类账户和所属明细账户进行登记时，记账方面（借方或贷方）必须一样。

（3）每项经济业务，记入总分类账户的金额必须等于所属明细账户记入金额之和。

（4）总分类账户的期初余额，本期发生额及期末余额，应等于所属明细分类账户的期初余额，本期发生额及期末余额之和。

有的总分类账户所反映的经济内容涉及面较广，也可在总分类账下先设置必要的二级账户，再在二级账户下设明细账户。在设置二级账户的情况下，二级账户对总账户来说，具有明细账户的性质，对明细账户来说又具有控制账户的性质。

3.4　借贷记账法概述

记账方法的演进经历了一个非常漫长的过程，先后产生过单式记账法和复式记账法，所谓复式记账法就是指对任何一项经济业务，都必须用相等的金额在两个或两个以上的有关账户中相互联系地进行登记，借以反映会计对象具体内容增减变化的一种记账方法。由于复式记账法具有科目对应、有利于查账、有利于发现错误等诸多优点，现在复式记账法已成为世界通用的一种记账方法。

3.4.1　会计恒等式

会计恒等式是复式记账法的理论基础，也是资产负债表的理论基础，在学习复式记账法之前首先要理解会计恒等式，这样既有助于理解资产负债表、损益表的结构原理，也便于进行财务分析。

1. 关于资产的会计恒等式

公司开展经营活动，其资金来源无非来自两个方面：一是投资人投入，二是借债。这些资财形成了企业的资产，其中来源于债权人的资金，形成了企业的负债；来源于投资人的资金，形成了企业的所有者权益。这种关系用公式表示就是：

（1）公司的全部资财 = 债权人借债 + 投资人投资

（2）资金占用 = 资金的来源

（3）资产 = 负债 + 所有者权益

以上公式反映了资产、负债、所有者权益之间的平衡关系，是资产负债表结构的精髓部分。

2. 关于利润的会计恒等式

企业目标就是获得利润，只有取得的收入抵销因获得这笔收入所花的费用还有剩余，企业才算盈利。正是如此，可以推出另一个关于利润的会计恒等式：

$$利润（或亏损）= 收入 - 费用$$

3. 综合会计恒等式

由于企业获得利润之后，也是属于股东的，最终和原来投入的资产共同形成了更为扩大的所有者权益，用会计恒等式表示如下：

（1）资产 = 负债 + 所有者权益

（2）利润（或亏损）= 收入 - 费用

（3）年末资产 = 年初负债 + 年初所有者权益 + 本年利润（或减去亏损）

＝ 年初负债 + 年初所有者权益 + 本年收入 - 本年费用

3.4.2　复式记账法运用——借贷记账法

复式记账法包括几种具体的方法，有借贷记账方法、增减记账法、收付记账法，等等。其中，借贷记账法是世界各国普遍采用的一种记账方法，在我国也是应用最广泛的一种记账方法，我国颁布的《企业会计准则》中明文规定中国境内的所有企业都应该采用借贷记账法记账。采用借贷记账法在相关账户中记录各项经济业务，可以清晰地表明经济业务的来龙去脉，同时也便于试算平衡和检查账户记录的正确性。下面我们将重点说明借贷记账法。

借贷记账法起源于 13 世纪的意大利。在这个时期，西方资本主义的商品经济有了长足发展，在商品交换中，为了适应商业资本和借贷资本经营者管理的需要，逐步形成了借贷记账法。

借贷记账法是以"借""贷"二字作为记账符号，记录会计要素增减变动情况的一种复式记账法。借贷记账法主要有以下几点内容：

（1）以"借"和"贷"为记账符号

在借贷记账法下，由于以"借""贷"作为记账符号，人们在会计核算中长期以来习惯称账户的左方为借方，右方为贷方，"借"和"贷"是代表记账方向的一对记账符号，在不同性质的账户中表示不同的含义。

（2）以"有借必有贷，借贷必相等"为记账规则

当经济业务发生时，如何运用借贷记账法把每一项经济业务记入相互联系的两个或两个以上的账户，这需要遵循一定的记账规则：经济业务的发生一方面记入有关账户的借方，另一方面必须记入有关账户的贷方，而且所记借方的金额与贷方的金额必然相等。为此，可以把借贷记账法的记账规则概括为"有借必有贷，借贷必相等"。借贷记账法的这一记账规则，适用于每一项经济业务。

（3）账户的对应关系、对应账户及会计分录

按照借贷记账法的记账规则登记每一项经济业务时，在有关账户之间就发生了应借、应贷的相互关系。这种反映经济业务相互联系的有关账户之间的依存关系，叫作账户的对应关系；存在对应关系的账户，叫作对应账户。通过账户的对应关系，可以了解经济业务的内容及其内在联系。同时，还可以发现对经济业务的处理以及经济业务本身是否合理、合法。

3.4.3　运用借贷记账法编制会计分录

为了保证账户对应关系的正确性，对每一项经济业务在记入有关账户前，首先应根据经济业务确定涉及的对应账户名称，及其借、贷方向和金额编制会计分录。会计分录是指明经济业务应记账户名称，应借、应贷方向和金额的记录，简称分录。

会计分录按照其所反映经济业务的复杂程度，即其涉及对应账户的多少，分为简单会计分录和复合会计分录两种。简单会计分录，是指一个账户

的借方同另一个账户的贷方发生对应关系的会计分录,即"一借一贷"的分录。复合会计分录是指一个账户的借方同几个账户的贷方发生对应关系的会计分录。包括"一借多贷"的会计分录和"多借一贷"的会计分录。

编制会计分录应该注意以下几点:

第一,每笔分录要写摘要,简要说明经济业务的内容。

第二,编制会计分录的时候,"借""贷"应该分行,将应借账户排在上面,应贷账户排在下面,并缩进一格或两格。

第三,账户的名称要写齐全,金额数字要写整齐准确,上下笔分录的借方金额和贷方金额要分别对齐。

3.4.4 试算平衡

借贷记账法具有"有借必有贷,借贷必相等"的特性,常常被用来发现会计核算中的错误,而这个作用往往是通过试算平衡来实现的。

试算平衡,就是根据"资产=负债+所有者权益"的平衡关系,按照记账规则的要求,通过汇总计算和比较,来检查账户记录的正确性、完整性。

经济业务发生后,按照借贷记账法的记账规则来记账,借贷两方的发生额必然是相等的。不仅是每一笔会计分录借贷发生额相等,而且当一定会计期间(年、季、月)的全部经济业务的会计分录都记入相关账户后,所有账户的借方发生额与贷方发生额的合计数也必然相等。以此类推,全部账户的借方期末余额与贷方期末余额的合计数也必然相等。用借贷记账法记账,就要根据借贷必相等的规则进行试算平衡,检查每笔经济业务和会计分录是否正确,全部账户的本期发生额是否正确,因此有会计分录试算平衡公式和发生额试算平衡公式。

通过前面账户结构的说明,可以得出结论:凡是借方余额的账户都是资产类账户,凡是贷方余额的账户都是负债或所有者权益类账户。由于"资产=负债+所有者权益"的恒等性,所以账户借方余额的合计数等于贷方余额的合计数。因此有余额试算平衡公式。

采用借贷记账法进行试算平衡,可以按照下列公式试算平衡:

第一，会计分录试算平衡公式。对一笔会计分录而言，无论是一对一的会计分录，还是一对多的会计分录，所有借方科目发生金额之和等于所有贷方科目发生金额之和，也就是：

$$借方科目金额=贷方科目金额$$

第二，发生额试算平衡公式。

$$全部账户借方发生额合计=全部账户贷方发生额合计$$

第三，余额试算平衡公式。

$$全部账户借方余额合计=全部账户贷方余额合计$$

通过试算平衡来检查账簿记录是否平衡并不是绝对的，如果借贷不平衡，就可以肯定账户的记录或者计算有错误。但是如果借贷平衡，却不能肯定记账没有错误，因为有些错误并不影响借贷双方平衡。如果在有关账户中重记或者漏记某些经济业务，或者将借贷方向弄反，就不能通过试算平衡发现错误。

3.4.5　运用借贷记账法的会计分录编制举例

编制会计分录可以说是会计工作中最具有"技术含量"的工作，不仅需要熟练掌握会计制度，更需要有一定的职业判断能力。在这里，我们以距离的形式，向大家介绍一下出纳人员最常用的会计分录的编制方法。

1. 从银行提取现金，按支票存根记载的提取金额编制会计分录

借：现金
　贷：银行存款

2. 将现金存入银行，按银行退回给收款单位的收款凭证联上的金额编制会计分录

借：银行存款
　贷：现金

3. 因支付职工出差费用等原因所需的现金，按支出凭证所记载的金额编制会计分录

借：其他应收款
　贷：现金

收到出差人员交回的差旅费剩余款并结算时，应编制如下的会计科目。

借：现金（按实际收回的现金）

管理费用（按应报销的金额）

贷：其他应收款（按实际借出的现金）

4. 每日终了结算现金收支、财产清查等发现的现金短缺或溢余应视不同的情况编制会计分录

（1）如为现金短缺：

借：其他应收款、现金（按应由责任人赔偿的部分）

管理费用（按实际短缺的金额扣除应由责任人赔偿的部分后的金额）

贷：现金（按实际短缺的金额）

（2）如为现金溢余：

借：现金（按实际溢余的金额）

贷：其他应付款（按应支付给有关人员或单位的部分）

营业外收入（按实际溢余的金额超过应支付给有关人员或单位的部分后的金额）

5. 发生的存款利息，根据银行通知及时编制收款凭证编制会计分录

借：银行存款

贷：财务费用

第 4 章　出纳工作的起点
——出纳凭证

本章导读

"会计凭证是会计工作的基石，是会计记账的起点。"会计凭证主要记录经济业务的发生时间、具体内容及数量、金额等，可以记录经济业务的来龙去脉，并作为登记账簿的书面证明。同时，相关经办人员必须在会计凭证上签名或盖章。所以，完整的会计凭证也是明确经济责任的书面证明。

出纳人员在办理资金的收入和支出时，收集、审核，并编制相应的会计凭证，是确保出纳人员发挥监督职能，记好账，管好钱的最重要一环。

出纳人员，在学习了记账方法之后，便要将记账落到实处。所以对记账起点——"会计凭证"及其编制方法的学习尤为重要。本章重点介绍了会计凭证的概念和种类、原始凭证及记账凭证的编制和审核以及后续的凭证传递、装订和保管。

4.1 会计凭证的概念与种类

4.1.1 会计凭证的意义

会计凭证，简称凭证，是记录经济业务、明确经济责任并作为登记账簿依据的书面证明。会计凭证有许多种，除了购货发票单外，像发出商品的发货单、材料入库的入库单等也均称为会计凭证。

会计凭证首先要由执行该项经济业务的有关人员进行填制或取得，然后交给有关部门进行审核，经过审核确认没有任何差错，再由审核人员签章后，才可以作为记账的依据。

4.1.2 会计凭证的作用

会计凭证的填制和审核作为会计核算的一项重要内容，在经济管理中有着十分重要的意义。如图 4-1 所示，会计凭证的作用主要表现在以下四个方面：

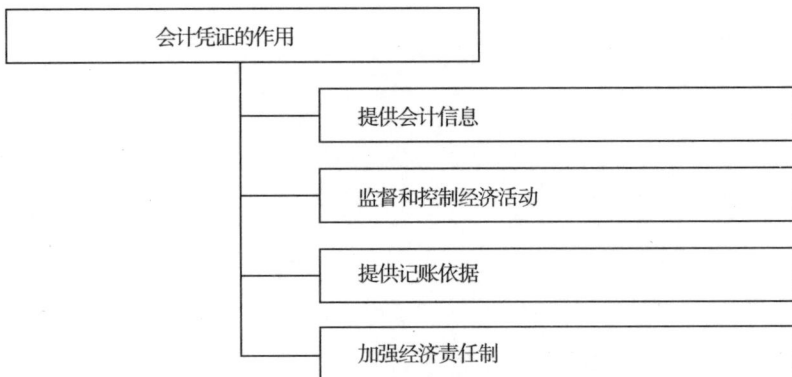

图4-1 会计凭证的作用

4.1.3　会计凭证的种类

企事业等单位所使用的会计凭证种类繁多，其用途、性质、格式等因业务需要而具有多样性。会计凭证按其填制程序和用途进行分类，可分为原始凭证和记账凭证两大类，如图 4-2 所示，会计凭证的分类如下：

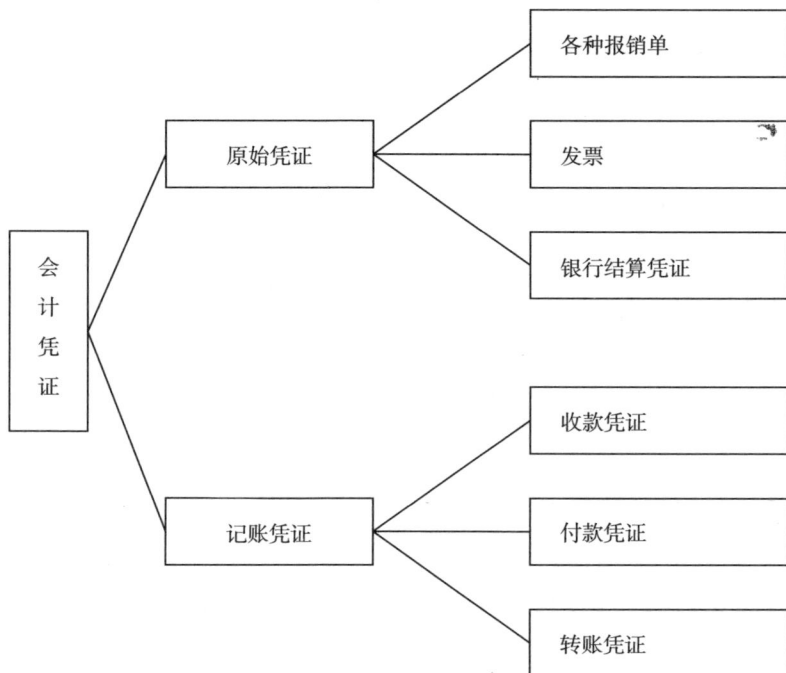

图4-2　会计凭证的种类示意图

原始凭证是在经济业务发生或完成以后取得或填制的，用以明确经济责任，载明经济业务的具体内容和完成情况的书面证明，是进行会计核算的原始资料和重要依据。例如，各种报销单、发票、银行结算凭证等都是原始凭证。

记账凭证是指会计人员根据审核无误的原始凭证或原始凭证汇总表，按记账的要求归类整理而编制的会计凭证，是登记账簿的直接依据。例如，各种收款凭证、付款凭证、转账凭证等都属于记账凭证。

4.2　原始凭证的编制与审核

4.2.1　什么是原始凭证

原始凭证又称原始单据，是在经济业务发生或完成时直接取得或填制的，用以记录、证明经济业务已经发生或完成的书面凭证，是进行会计核算的原始资料。在实际工作中，原始凭证有些是从外单位取得的，有些是本单位自制的。原始凭证记载着大量的经济信息，又是证明经济业务发生的初始文件，与记账凭证相比较，具有较强的法律效力，所以它是一种很重要的凭证。

4.2.2　原始凭证的种类

原始凭证有很多的方法，我们这里只介绍其中的一种，按照原始的来源，可以被分为外来原始凭证和自制原始凭证。

（1）外来原始凭证是指同外部单位发生经济往来关系时，从外部单位取得的原始凭证，如购货时取得的发货票、付款时所取得的收据等。

（2）自制原始凭证是指由本单位内部经办经济业务的部门或人员，在办理经济业务时所填制的凭证，如商品、材料入库时，经仓库保管人员填制的入库单等。

4.2.3　原始凭证的内容

原始凭证是记录经济业务完成情况，明确有关单位与人员经济责任的证明单据。因此，必须客观真实地填制好原始凭证。虽然不同的原始凭证因其反映不同的经济业务内容、不同的格式，但都包含以下几个方面内容：

（1）原始凭证的名称，如借据、收据、增值税专用发票等。

（2）原始凭证的编号。

（3）填制原始凭证的日期和经济业务发生的日期。

（4）填制和接受原始凭证的单位名称及公章或专用章。

（5）有关的经济业务内容。

（6）经济业务所涉及的数量、计量单位、单价和金额总量。

（7）经办人或责任人的签名或盖章。

上述基本内容，一般不得缺少，否则不能成为具有法律效力的原始凭证。有些原始凭证还应具备一些特殊内容和要求，例如：

（1）使用统一发票时，发票上应印有税务专用章。

（2）自制发票，应该有税务监制章。

（3）使用增值税专用发票时，要按规定填写购销双方的税号、地址、电话、开户银行以及账号等。

4.2.4　填制原始凭证的要求

原始凭证是具有法律效力的证明文件，是进行会计核算的重要原始依据。如图 4-3 所示，原始凭证的填制必须符合下列基本要求。

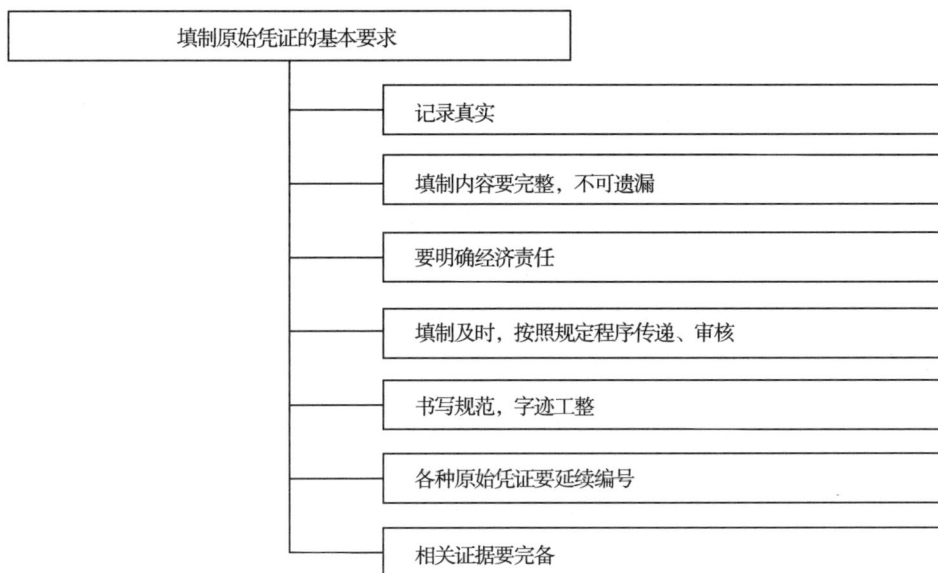

填制原始凭证的基本要求

- 记录真实
- 填制内容要完整，不可遗漏
- 要明确经济责任
- 填制及时，按照规定程序传递、审核
- 书写规范，字迹工整
- 各种原始凭证要延续编号
- 相关证据要完备

图4-3　填制原始凭证的基本要求

（1）记录真实

原始凭证必须实事求是地填写经济业务，原始凭证上填制的日期、业务内容、数量、金额等必须与实际情况完全符合，确保凭证内容真实可靠。

（2）填制内容要完整，不可遗漏

原始凭证必须按规定的格式和内容逐项填写齐全，而且凭证填写的手续必须完备，符合内部牵制原则。只要是填有大写和小写金额的原始凭证，大写金额与小写金额必须相同。

（3）要明确经济责任

原始凭证上要有经办人员或部门的签章，对凭证的真实性和正确性负完全的责任。外来的原始凭证，从外单位取得的，必须盖有填制单位的财务公章，从个人取得的，必须有填制人员的签名或盖章；自制原始凭证，必须有经办人、负责人、审核人、签领人的签名或盖章；对外开出的原始凭证，必须加盖本单位的财务公章。

（4）填制及时，按照规定程序传递、审核，以便据以编制记账凭证

（5）书写规范，字迹工整

原始凭证要用蓝色或黑色墨水书写，支票要用碳素墨水填写。一式几联的原始凭证，必须用双面复写纸复写，要写清楚、写透。大小写金额数字要符合规定，正确填写。原始凭证上的文字和数字都要字迹清楚，易于辨认，不得任意涂改、刮擦或挖补。一般凭证如果发现错误，应当按规定方法更正。而有关现金、银行存款收支业务的凭证，如果填写错误，不能在凭证上更正，应加盖"作废"戳记，重新填写，以免错收错付。

（6）各种原始凭证要延续编号

如果凭证已预先印定编号，如发票、支票、收据等，在需要作废时，应当加盖"作废"戳记，并连同存根和其他各联全部保存，不得随意撕毁。

（7）相关证据要完备

填制原始凭证时，要有完备的相关证据。如购买实物的原始凭证，必须有实物验收说明，支付款项的原始凭证，必须有收款单位和收款人的收款证明；已经销售的物品被退回，实物要验收入库或另作处理，退换货款时，要先填制退货发票，用现金退款时，要取得对方的收款收据，以银行存款退还

的，以银行结算凭证记账联作为证明，不得以退货发票代替对方的收据。职工因公出借款收据，必须附在记账凭证上，收回借款时，应另开收据或退还借据副本，不得退还原借款收据。经有关部门批准办理的某些特殊业务，应将批准的文件作为原始凭证的附件，如果批准文件需要单独归档，应在凭证上注明批准机关的名称、日期和文件字号。

4.2.5　原始凭证的审核

对会计凭证的审核是会计监督的一个重要手段。原始凭证填制以后，为了保证其真实可靠，会计部门据此填制记账凭证入账前，必须对其进行严格的审核。审核主要包括两个方面内容：

（1）审核原始凭证所记录的经济业务的合法性

主要是审查记录的经济业务是否符合有关法律、法令、制度和政策；是否执行了预算、合同和计划，是否符合经济核算的原则。若发现有违法违纪行为，要拒绝执行，并向有关部门与领导汇报。在实际工作中，违法的原始凭证主要有以下三种情况，审核时要加以注意：

①明显的假发票、假车票，如印制粗糙、印章不规范的原始凭证。

②虽然是真实的，但制度规定不允许报销，如不能用公款报销的私人使用的物品等。

③虽能报销，但制度对报销的比例或金额有明显限制的，超过部分不予报销。

（2）对原始凭证的合理性进行技术性审核

主要是审核原始凭证的内容和填制手续是否符合规定的要求，是否具有真实性、完整性，即凭证所载的内容是否与实际情况一致，该填的项目是否遗漏，数字是否清楚准确，书写是否规范，有关部门与人员是否都已签名或盖章。对有技术性问题的原始凭证要退回，补齐手续或更正错误。

对真实性的审核主要是要保证：经济业务双方当事单位和当事人必须是真实的；经济业务发生的时间、地点、填制凭证的日期必须是真实的；经济业务的内容必须是真实的；经济业务的"量"、单价、金额必须是真实的。

对完整性的审核主要是要保证：双方经办人都签字或盖章，需要旁证的原始凭证，具有相应的旁证；不需要入库的物品，发货票上还应有使用证明人的签名；需要另外登记的原始凭证，需经登记以后再到会计部门报账；需经领导人签名批准的原始凭证，要有领导人的亲笔签名。

4.3 认识记账凭证

4.3.1 什么是记账凭证

记账凭证是会计人员根据审核后的原始凭证进行归类、整理，并确定会计分录而编制的凭证，是直接凭以登记账簿的依据。记账凭证记载的是会计信息，从原始凭证到记账凭证是经济信息转换成会计信息的过程，是一种质的飞跃。填制和复核记账凭证是出纳工作的重要组成部分。填制记账凭证，通常叫作制单，财会部门应指定专人制单。

记账凭证要根据原始凭证所反映的经济业务，按规定的会计科目和复式记账方法，编成会计分录，以确保账簿记录的准确性。

4.3.2 记账凭证的种类

1. 收款凭证、付款凭证和转账凭证

记账凭证按其反映的经济业务是否与货币资金有关，可以分为收款凭证、付款凭证和转账凭证，分别用以记录货币资金收入事项、货币资金支出事项和转账业务（与货币资金收支无关的业务），各种记账凭证一般印制成不同颜色以便于识别。

收款凭证是根据货币资金收入业务的原始凭证填制而成的用以反映货币资金收入业务的记账凭证。收款凭证一般按现金和银行存款分别编制。实际工作中，出纳人员应根据会计管理人员或指定人员审核批准的收款凭证，作为记录货币资金收入的依据。出纳人员根据收款凭证收款（尤其是收入现金）时，要在凭证上加盖"收讫"戳记，以避免差错。

付款凭证是根据货币资金支出业务的原始凭证填制而成用以反映货币资金支出业务的记账凭证。实际工作中，出纳人员应根据会计主管人员或指定人员审核批准的付款凭证，作为记录货币资金支出并付出货币资金的依据。出纳人员根据付款凭证付款时，要在凭证上加盖"付讫"戳记，以免重付。

转账凭证是用以反映与货币资金收付无关的转账业务的凭证，根据有关转账业务的原始凭证或记账编制凭证填制而成。

会计实务中，某些经济业务既是货币资金收入业务，又是货币资金支出业务，如现金和银行存款之间的划转业务。为了避免记账重复，对于这类业务一般编制付款凭证，不编制收款凭证。即，将现金存入银行时，编制现金付款凭证；从银行存款提取现金时，编制银行存款付款凭证。

2. 复式和单式记账凭证

记账凭证根据其填制的方式不同，可分为复式记账凭证和单式记账凭证。

复式记账凭证是把一项经济业务所涉及的会计科目，集中填列在一张凭证上的记账凭证，即一张凭证上登记两个或两个以上的会计科目，既有"借方"，又有"贷方"。如前面介绍的收款凭证、付款凭证、转账凭证和通用凭证都是复式记账凭证。其优点是集中反映账户的对应关系，了解经济业务的全貌，减少凭证数量，节约纸张；其缺点是不便于汇总计算每一会计科目的发生额，不利于会计人员分工记账。

单式记账凭证是把一项经济业务所涉及的会计科目，分别按每个会计科目填制凭证的记账凭证，即把同类经济业务所涉及的会计科目分别记入两张或两张以上的记账凭证中，每张记账凭证只填列一个会计科目。单式记账凭证通常适用于业务量较大、会计内部分工较细的会计主体，优点是便于同时汇总计算每一会计科目的发生额，便于分工记账；缺点是不便于反映经济业务的全貌及会计科目的对应关系。

4.3.3　记账凭证的基本内容

记账凭证是登记账簿的直接依据，它是在审核无误的原始凭证的基础上，系统归类整理编制而成的，如表 4-1 所示，是记账凭证的通用格式。记账凭证有很多种类，同一种类的记账凭证又有不同的格式，但所有的记账凭证都必须具备下列基本内容：

（1）记账凭证的名称，即记账凭证，或收款凭证、付款凭证、转账凭证，或现金收款凭证、现金付款凭证、银行存款收款凭证、银行存款付款凭证、转账凭证等。

（2）记账凭证的编号。

（3）填制凭证的日期，要写明具体的年月日。

（4）有关经济业务内容摘要。

（5）有关账户的名称（包括总账、明细分类账）、借贷方向和金额（即会计分录）。

（6）有关原始凭证张数和其他有关资料份数。

（7）有关人员的签名或盖章，包括制单人员、记账人员、审核人员、会计主管人员等，收、付款记账凭证还必须由出纳人员签名或盖章。

表 4-1　记账凭证

记　账　凭　证

2009 年 01 月 15 日

				借方							贷方						
摘要	一级科目	明细科目		万	千	百	十	元	角	分	万	千	百	十	元	角	分

编号

财会主管：　　　记账：　　　出纳：　　　复核：　　　制单：

4.3.4　填制记账凭证的要求

填制记账凭证，就是要由会计人员将各项记账凭证要素按规定方法填写齐全，便于账簿登记。填制记账凭证是一项重要的会计工作，如果出现差错，不仅会影响到账簿登记，而且会影响到经费收支、费用归集与分配、成本计算和编制会计报表等业务，因此，必须认真对待。

就记账凭证确定会计分录、便于保管和查阅会计资料来看，各种记账凭证除严格按原始凭证的填制要求填制外，还应注意以下几点。

（1）科目运用准确

要根据经济业务的性质，按照会计制度所规定的会计科目和每一会计科目所核算的内容，正确编制会计分录，以便于指标的综合汇总和分析对比，了解有关经济业务的完成情况。

（2）业务记录明确

每张记账凭证只能反映一项经济业务，除少数特殊业务必须将几个会计科目填在一张记账凭证上外，不得将不同类型经济业务的原始凭证合并填制记账凭证，对同一笔经济业务不得填制对应关系不清的多借多贷的记账凭证。

（3）凭证顺序编号

记账凭证应根据业务发生顺序按照不同种类的记账凭证连续编号，以便于登记账簿和进行记账凭证与账簿记录的核对，防止会计凭证的丢失，并方便日后查找。记账凭证编号的方法有：

①将财会部门内的全部记账凭证作为一类统一编号，编为记字第××号。

②分别按现金和银行存款收入、现金和银行存款付出以及转账业务三类进行编号，分别编为收字第××号、付字第××号、转字第××号。

③按现金收入、现金付出、银行存款收入、银行存款付出和转账五类进行编号，分别编为现收字第××号、现付字第××号、银收字第××号、银付字第××号、转字第××号。

记账凭证无论是统一编号还是分类编号，均应分月份按自然数字顺序连续编号。一张记账凭证编一个号，不得跳号、重号。

若一笔经济业务需填制多张记账凭证的，可采用按该项经济业务的记账凭证数量编列分数顺序号的方法，如前面的整数为总顺序号，后面的分数为该项经济业务的分号，分母表示该项经济业务的记账凭证总张数，分子则表示该项经济业务的顺序号。

若在记账之前发现记账凭证有错误，应重新编制正确的记账凭证，并将错误凭证作废或撕毁。已经登记入账的记账凭证，在当年内发现填写错误时，应用红字填写一张与原内容相同的记账凭证，在摘要栏注明"注销×月×日×号凭证"，同时再用蓝字重新填制一张正确的记账凭证，注明"订正×月×日×号凭证"。若会计科目没有错误，只是金额错误，也可将正确数字与错误数字之间的差额，另编一张调整的记账凭证。调增金额用蓝字，调减金额用红字。发现以前年度的错误，应用蓝字填制一张更正的记账凭证。

（4）凭证摘要简明

要将经济业务的内容以简练明确的文字填入"摘要"栏内，以便于日后查阅凭证和登记账簿。填写内容摘要要做到真实准确、简明扼要，当一笔经济业务涉及两个以上（不含两个）一级科目时，应根据经济业务和各个会计科目的特点分别填写摘要。

（5）日期填制正确

填写日期一般是填财会人员填制记账凭证的当天日期，也可以根据管理需要，填写经济业务发生的日期或月末日期。例如，银行收款业务的记账凭证一般按财会部门收到银行进账单或银行回执的戳记日期填写，当实际收到的进账单日期与银行戳记日期相隔较远或次月初收到上月的银行收、付款凭证的，按财会部门实际办理转账业务的日期填写。银行付款业务的记账凭证，一般以财会部门开出银行存款付出单据的日期或承付的日期填写。属于计提和分配费用等转账业务的记账凭证，应以当月最后的日期填写。

（6）附件数量完整

除结账与更正差错的记账凭证可以不附原始凭证，其他记账凭证必须附有原始凭证，并在记账凭证上注明原始凭证的张数（张数应用阿拉伯数字填写），以便于复核会计分录是否正确和日后查阅原始凭证。

记账凭证所附原始凭证张数计算的原则是：没有经过汇总的原始凭证，按自然张数计算，有一张算一张；经过汇总的原始凭证，每一张汇总但或汇总表算一张。财会部门编制的原始凭证汇总表所附的原始凭证，一般也作为附件处理，原始凭证汇总表连同其所附的原始凭证算在一起作为一张附件填写。但属收付款业务的，其附件张数的计算要做特殊情况处理，应把汇总表及所附的原始凭证或说明性质的材料均算在其张数内，有一张算一张。

如果一张原始凭证要涉及几张记账凭证，可把原始凭证附在一张主要的记账凭证后面，在其他记账凭证上注明附有原始凭证的记账凭证的编号。例如，用支票购物，同时又用现金在同一时间、地点购物，供货单位只开了一张发票，此时，应分开作两张记账凭证，原始凭证只能附在其中一张后面，另一张记账凭证后面无原始凭证时，或复印、或在记账凭证摘要栏中注明附原始凭证的记账凭证的凭证号。若一张原始凭证所列支出需要几个单位共同负担的，应将其他单位负担的部分，开给对方原始凭证分割单，进行结算。对于结账和更正错账的记账凭证，可不附原始凭证。企业单位提取各项税费的记账凭证，应附自制原始凭证，列明合法的计算提取依据及正确的计算过程。

（7）按规定程序办理签章手续

为了加强对凭证的管理，分清责任，在记账凭证填制完成后，要由有关财会人员签名或盖章，填制人员填制完毕后先行签章，并经稽核人员审核签章，之后交会计主管人员签章，最后由记账人员根据审核无误的记账凭证登记账簿，并在记账凭证上签章，表示该记账凭证已由其登记入账。对于收付款记账凭证，还必须由出纳人员签章。

4.3.5　记账凭证的审核

记账凭证是登记账簿的直接根据，为保证和监督各种款项的收付、物资的收发、往来款项的结算记账簿记录的准确性，需要对记账凭证进行严格审核，确保其正确无误。记账凭证的审核，主要有合法性审核、完整性审核和技术性审核，具体体现在对以下几方面的审核：

（1）所附原始凭证是否齐全，是否经过审核，原始凭证所记录的经济业务内容和数额与记账凭证是否一致。

（2）会计科目和核算内容是否正确，是否与财务会计制度的规定相符，会计分录和账户对应关系是否正确，应借记、应贷记的金额是否平衡。

（3）需要填制的内容是否有遗漏，有关人员是否签章等。

审核中若发现了错误，要查清原因，按规定更正，如补办手续、补填内容或拒绝办理等。

4.4　会计凭证如何传递

会计凭证的传递，是指各种会计凭证从填制、取得起，经过审核、记账、装订到归档保管为止的全部过程，即在企业、事业和行政单位内部有关人员和部门之间传送、交接的过程。

会计凭证的传递要符合有关规定，包括各种凭证的填写、传递单位与凭证份数，以及会计凭证传递的程序、移交的时间、接受与保管的有关部门。

4.4.1　会计凭证传递的作用

（1）有利于完善经济责任制度

经济业务的发生、完成及记录，是由若干责任人共同负责，分工完成的，而会计凭证作为记录经济业务、明确经济责任的书面证明，体现了经济责任制度的执行情况。

单位会计制度可以通过会计凭证传递程序和传递时间的规定，进一步完善经济责任制度，使各项业务的处理顺利进行。

（2）有利于及时进行会计记录，实行会计监督

从经济业务的发生到账簿登记有一定的时间间隔，通过会计凭证的传递，使会计部门尽早了解经济业务发生和完成情况，并通过会计部门内部的凭证传递，及时记录经济业务，进行会计核算，实行会计监督。

4.4.2　会计凭证传递的组织原则

为了充分发挥会计的作用，必须合理组织会计凭证的传递，遵循内部牵制原则，做到及时反映、记录经济业务。

内部牵制原则是建立内部牵制制度的基本准则，主要是指单位的领导、各职能部门、基层机构及其人员之间，在处理各项经济业务时，相互联系、相互制约、相互监督，从而达到控制和管理经济活动的目的。

内部牵制原则主要包括三个方面：

一是各职能部门及其人员的职权和责任必须划分清楚；

二是各职能部门及其人员根据办理经济业务的程序，明确各自的手续制度；

三是明确各职能部门及其人员之间的相互关系。

另外，要建立复核查对制度。针对会计凭证传递的组织工作，要做到以下几点：

（1）精简传递环节

各单位应根据经济业务的特点、机构设置和人员分工情况，具体规定各种凭证的联数和传递程序，尽量避免不必要的环节。如果遇有不合理的环节，应根据实际情况及时加以修改，保证会计凭证传递成许多合理化、制度化和传递时间的节约。

（2）降低逗留时间

根据各部门和人员在正常情况下办理必要业务手续的需要，确定凭证在各个环节的逗留时间，使会计凭证的传递和处理在报告期内完成，以免拖延和积压会计凭证。

（3）各部门应相互协作

为了使凭证传递工作有条不紊，迅速有效地进行，对本单位经常发生的、需要有关部门共同办理的主要经济业务，应明确确定凭证传递的路线和时间及交接手续，并绘制成流程图或流转表，要求有关部门和人员遵照执行。

4.5 会计凭证的装订与保管

4.5.1 会计凭证的整理

出纳记账所填制和使用的各种收付款记账凭证，及其所附的原始凭证，是会计凭证的重要组成部分。通常情况下，出纳人员根据收款凭证和付款凭证记账后，必须逐日、逐张对原始凭证进行加工整理，主要是指对原始凭证进行排序、粘贴和折叠。因为原始凭证的纸张面积与记账凭证的纸张面积不可能全部一样，有时前者大于后者，有时前者小于后者，这就需要会计人员在制作会计凭证时对原始凭证加以适当整理，以便下一步装订成册。原始凭证在整理时要做到以下几点：

（1）对于纸张面积大于记账凭证的原始凭证，可按记账凭证的面积尺寸，先自右向后，再自下向后两次折叠，注意应把凭证的左上角或左侧面让出来，以便装订查阅。如原始凭证的宽度超过记账凭证两倍或两倍以上，则应将原始凭证的左下方折成三角形，以免装订时将折叠单据订入左上角内。

（2）对面积较大但又未超过记账凭证大小的原始凭证以及纸张面积略小于记账凭证的原始凭证，不易粘贴，应先用大头针或回形针将其别在一起，待装订时取掉。

（3）对于纸张面积过小的原始凭证，一般不能直接装订，应先将小票按同金额归类，再粘在一张同记账凭证大小相同的厚纸上，要对齐厚纸上沿，从上至下移位重叠粘贴，注意小票不应落出厚纸下沿，粘贴时宜用胶水。证票应分张排列，同类、同金额的单据尽量粘在一起；同时，在一旁注明原始凭证的张数和合计金额。如果是板状票证，可以将票面票底轻轻撕开，厚纸板弃之不用。

（4）原始凭证的左端边缘空白少不够装订时，要贴纸加宽，以便装订翻阅。

（5）原始凭证附在记账凭证后面的顺序应与记账凭证所记载的内容顺序

一致，不应按原始凭证的面积大小来排序。

会计凭证经过上述加工整理之后，就可以装订了。

4.5.2 会计凭证的装订方法

会计凭证的装订是指把定期整理完毕的会计凭证按照编号顺序，外加封面、封底，装订成册，并在装订线上加贴封签。在封面上，应写明单位名称、年度、月份、记账凭证的种类、起讫日期、起讫号数，以及记账凭证和原始凭证的张数，并在封签处加盖会计主管的骑缝图章。如果采用单式记账凭证，在整理装订凭证时，必须保持会计分录的完整。为此，应按凭证号码顺序还原装订成册，不得按科目归类装订。对各种重要的原始单据，以及各种需要随时查阅和退回的单据，应另编目录，单独登记保管，并在有关的记账凭证和原始凭证上相互注明日期和编号。

会计凭证装订的要求是既美观大方又便于翻阅，所以在装订时要先设计好装订册数及每册的厚度。一般来说，一本凭证，厚度以 1.5 ～ 2.0 厘米为宜，太厚了不便于翻阅核查，太薄了又不利于直立放置。凭证装订册数可根据凭证多少来定，原则上以月份为单位装订，每月订成一册或若干册。有些单位业务量小，凭证不多，把若干个月份的凭证合并订成一册就可以，只要在凭证封面注明本册所含的凭证月份即可。

为了使装订成册的会计凭证外形美观，在装订时要考虑到凭证的整齐均匀，特别是装订线的位置，如果太薄时可用纸折一些三角形纸条，均匀地垫在此处，以保证它的厚度与凭证中间的厚度一致。

在装订会计凭证时经常采用的方法是角订法，这种方法装订起来简单易行，样式简洁美观。它的具体操作步骤如下：

（1）将记账凭证封面和封底裁开，分别附在凭证前面和后面，再拿一张质地相同的纸（可以再找一张凭证封皮，裁下一半用，另一半为订下一本凭证备用）放在封面上角，做护角线。

（2）在凭证的左上角画一边长为 5 厘米的等腰三角形，用夹子夹住，用装订机在底线上分布均匀地打两个眼儿。

（3）用大针引线绳穿过两个眼儿。如果没有针，可以将回形别针顺直，然后将两端折向同一个方向，将线绳从中间穿过并夹紧，即可把线引过来，因为一般装订机打出的眼儿是可以穿过的。

（4）在凭证的背面打线结。线绳最好在凭证中端系上。

（5）将护角向左上侧折，并将一侧剪开至凭证的左上角，然后抹上胶水。

（6）向后折叠，并将侧面和背面的线绳扣粘死。

（7）待晾干后，在凭证本的脊背上面写上"×年×月第×册共×册"的字样。装订人在装订线封签处签名或者盖章。现金凭证、银行凭证和转账凭证最好依次顺序编号，一个月从头编一次序号，如果单位的凭证少，可以全年顺序编号会计凭证的角订法操作图示如图4-4所示。

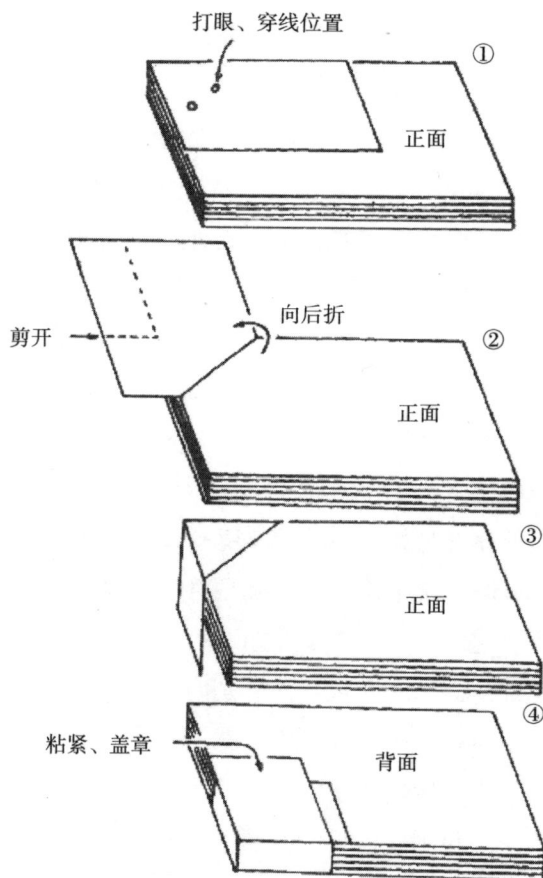

图4-4 会计凭证的角订法图示

记账凭证的封面如表 4-2 所示。

表 4-2　记账凭证的封面

记　账　凭　证

本月第　　册
本月共　　册

单位名称：			
时间	2019 年　月　日起　年　月　日止		
号数	自　号至　号	记账凭证　张	附件　张
附　记			

企业负责人：　　　　　　　　　　会计主管：

4.5.3　会计凭证的保管

会计凭证在保管过程中应当注意以下几个方面。

（1）记账凭证在装订成册之前，原始凭证一般是用回形针或大头针固定在记账凭证后面，在这段时间内，凡使用记账凭证的出纳人员都有责任保管好原始凭证和记账凭证，使用完后要及时传递，不得积压，并且要严防在传递过程中散失。

（2）装订成册的会计凭证要按年分月顺序排列，并指定专人保管，但出纳不得兼管会计档案。年度终了后，可暂由财会部门保管一年，期满后，编造清册移交本单位的档案部门保管。保管时，要防止受损、弄脏、霉烂以及鼠咬虫蛀等。

（3）对于数量过多的原始凭证，如工资单、领料单等，可以单独装订保管，但应在封面上注明原始凭证的张数、金额，所属记账凭证的日期、编号、种类。封面应一式两份，一份作为原始凭证装订成册的封面，封面上注明"附件"字样；另一份附在记账凭证的后面，同时在记账凭证上注明"附件另订"和原始凭证的名称及编号，以备查考。

（4）各种经济合同、存出保证金收据以及涉外文件等重要原始凭证，应当另编目录，单独登记保管，并在有关的记账凭证和原始凭证上相互注明日期和编号。

（5）原始凭证一般不得外借，查阅会计凭证应办理查阅手续，经本单位有关领导批准。调阅时，应填写"会计档案调阅表"，详细填写调阅会计凭证的名称、调阅日期、调阅人姓名、调阅理由、调阅批准人。原始凭证不得外借，其他单位如因特殊原因需要使用原始凭证时，可以复制，但须经本单位会计机构负责人、会计主管人员批准并在本单位财会人员监督下进行，并应登记与签字。向外单位提供的原始凭证复制件，应当专设登记簿登记，说明所复制的会计凭证名称、张数，并由提供人员和收取人员共同签名或者盖章。

（6）会计凭证的保管期限和销毁手续必须严格根据《会计档案管理办法》的有关规定执行。一般会计凭证应保存15年，银行存款余额调节表保存3年，而对重要的会计凭证，如涉及外事的会计凭证等，则应永久保存。

在确定会计凭证保管期满可以销毁时，应报上级主管部门批准。在销毁前，对其中所涉及的未了结的债权债务的原始凭证，要由会计部门和档案部门共同抽出，并整理立卷保管，直至债权债务结清为止。

第 5 章　出纳工作的足迹
——会计账簿

本章导读

"管好钱，记好账"，是对出纳工作的最基本要求。会计账簿是对凭证信息的进一步整理和汇总，可分类、连续、系统地记录经济业务，作为编制会计报表的直接依据。所以记账仅有记账凭证不行，只有根据记账凭证登记了会计账簿才能保证会计反映的经济业务连续、系统。

对于出纳人员而言，最常用到的账簿有现金日记账和银行存款日记账。切实做好这两本账簿的登记，为下一步的财务工作做好铺垫，是出纳人员的基本工作职责。

本章重点介绍了会计账簿的概念及种类，以及现金日记账和银行存款日记账的登记方法。

5.1 会计账簿的概念与种类

5.1.1 会计账簿的分类

所谓账簿，就是以会计凭证为依据，延续地、系统地、全面地、综合地记录和反映各项经济业务内容的簿籍，由相互联系的专门格式和账页所组成。设置和登记账簿是会计核算的一种专门方法，也是会计核算的主要环节。如图 5-1 所示，账簿可以从以下角度进行分类。

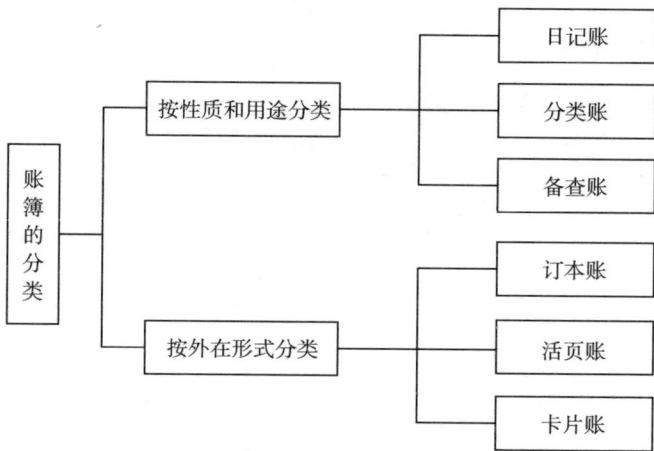

```
                                    ┌─── 日记账
                    ┌─ 按性质和用途分类 ├─── 分类账
                    │                  └─── 备查账
账簿的分类 ─────────┤
                    │                  ┌─── 订本账
                    └─ 按外在形式分类   ├─── 活页账
                                       └─── 卡片账
```

图5-1 账簿的分类

1. 按性质和用途分类

账簿按其性质和用途来分，可分为日记账、分类账和备查账。

（1）日记账，也称序时账簿，是按经济业务发生时间的先后顺序记录经济业务的账簿。该种账簿按照所记录的经济业务范围的不同，又分为普通日记账和特种日记账。普通日记账用来序时记录所有经济业务。特种日记账用来序时记录某种经济业务。例如，现金日记账、银行存款日记账等都是特种日记账。日记账要天天记，要天天结出余额。

（2）分类账，是按照账户分类记录各项经济业务的账簿。该账簿按照分类详细程度的不同，分为总分类账簿和明细分类账簿。总分类账簿，简称总账，是根据一级会计科目设立的总分类账户，按照总括分类记录全部经济业务的账簿。它可以提供各种资产、负债、费用、成本、收入等总括核算资料。明细分类账簿，简称明细账，是按照二级或明细会计科目设立的分类账户。

（3）备查账，又称辅助账，是对日记账和分类账簿中不能记载或记载不全的经济业务进行补充登记的账簿。它主要用来记录一些供日后查考的有关经济事项，如租入、租出固定资产登记簿、代销商品登记簿等。

2. 按外在形式分类

账簿按照外在形式来分，可分为订本账、活页账、卡片账。

（1）订本账，是将账页固定装订成册的账簿。这种账簿可避免账页散失，防止损抽账页，易于归档保管。因此，一般规定总分类账簿和现金日记账、银行存款日记账等采用订本账。

（2）活页账，是将账页装订在账夹中的账簿。此种账簿可根据需要增加账页，便于记账工作的分工，但易于散失或被抽损。这种账簿在使用前要连续编号，登记使用完后装订成册。明细分类账多为活页账。

（3）卡片账，是将账卡装在账卡箱中的账簿。该种账簿的特点是比较灵活，可根据需要增添、调整，但也易于散失。

5.1.2 怎样装订会计账簿

账簿在使用过程中，应妥善保管。账簿的封面颜色，同一年度内力求统一，逐年更换颜色，便于区别年度。这样，在找账、查账时就会比较方便。账簿内部，应编好目录，建立索引。另外注意贴上相应数额的印花税票。

活页账本可以用线绳系起来。下面介绍活页摇夹的使用方法：

（1）用摇手插入账簿测面的孔中，向右旋转，开启摇夹。

（2）旋去螺帽，取去簿盖。

（3）将账簿活页装入，可随意装用，最多可装 300 页。

（4）复上簿盖，旋上螺帽，再用摇手向左旋转，锁紧摇夹。

以上方法的使用可见图 5-2。活页摇夹的络链条长 50 毫米，账页在装入取出过程中，摇手旋转链条时要注意账页轧住链条节头，当账页被轧住时，摇手旋转不动，千万不要强旋，请用手轻轻摇动链条节头，不使账页轧住，然后开启或锁紧摇夹，这样可保持长期使用。

图5-2　活页账的装订

　　摇夹使用的特点是比较安全，因为账簿摇紧后，其他人员如果没有专门工具，不容易随意抽取、更换账页，从而使得账页不易散失；其缺点是成本相对高。

　　次年后，应将账簿装订整齐，活页账要编好科目目录、页码，用线绳系死，然后贴上封皮，在封皮上写明账簿的种类、单位、时间，在账簿的脊背上，也要写明账簿种类、时间。

　　会计业务量小的公司，账簿可以不贴口取纸；会计业务量大的公司，账簿上应该贴口取纸，可以按一级科目或材料大类，按账页顺序由前往后、自上而下地粘贴，当合起账簿时，全部口取纸应该整齐，均匀，并能够显露出科目名称，不要在账簿上下两侧贴口取纸，而应在右侧粘贴，这样，可保证整齐，存档时可以直立放置，以便抽取。

5.2　如何登记现金日记账

5.2.1　什么是现金日记账

现金出纳账簿，主要指现金日记账，是出纳用以记录和反映现金增减变动和结存情况的账簿。

出纳人员既是现金、银行存款的保管者，同时又是现金日记账和银行存款日记账的记录者。

日记账是按照经济业务发生的时间顺序，逐日逐项登记的账簿，故又称"序时账"，主要包括现金日记账和银行日记账。

从其实质来讲，现金日记账和银行日记账分别属于现金、银行存款的明细账，但由于现金、银行存款需要非常严格的管理，在发生和现金、银行存款有关的业务后，需要马上进行记录，因此将现金、银行存款的明细账叫作日记账。

5.2.2　现金日记账的内容

由于各个单位各行业特点以及业务活动对现金出纳工作的要求不同，现金日记账的内容略有不同，但一般应具备以下基本内容：

（1）封面

在账簿封面上应标明账簿名称及单位名称，以及所属年份。

（2）启用登记表

每本出纳账的扉页都要填明启用日期、截止日期、页数、册数、经管人员一览表和签章，以及单位公章等。

（3）账页

账页应包括记账日期（年、月、日）凭证种类及编号、经济业务摘要、收入金额、付出金额、结存金额、对应科目等。

5.2.3 现金日记账的设置

任何一个单位，只要有现金收付业务发生，就必须设置现金日记账，做到有钱就有账，以账管钱，收付有记录，清查有手续，保证现金的安全与合理使用。

现金日记账的设置，必须遵循一定的原则，必须符合国家统一的会计制度要求，力求以简明的格式，即使、准确、全面地反映现金收付及其结存情况。为了加强现金管理，采用手工记账的单位，现金日记账必须采用订本式账簿。各单位应根据本单位业务量和出纳人员的情况设置日记账。现金和银行存款种类较多并由多名出纳人员分管的，或者实行定额备用金制度和管理要求较高的，设置现金日记账的明细户数可以多一些，格式也可以细一些。现金日记账的账页格式，有"三栏式"和"收付分页式"两种。

5.2.4 现金日记账的启用

现金日记账是各单位重要的经济档案之一，因此，为了保证账簿使用的合法性，明确责任，保证账簿资料的完整和便于查找，各单位在启用账簿时，首先要按规定内容逐项填写"账簿启用表"和"账户目录表"。

在账簿启用表中，应写明单位名称、账簿名称、账簿编号和启用日期；在经管人员一栏中写明经管人员姓名、职别、接管或移交日期，由会计主管人员签名盖章；在"公章"处加盖单位公章。在一本日记账中设置有两个以上现金账户的，应在"账户目录表"中注明每个账户的名称和页码，以方便登记和查核。

5.2.5 现金日记账的登记方法

现金日记账应该做到账款相符，即将现金日记账每天的日末账面余额与所保管的实际库存现金核对相符。每日终了时，应计算本日现金收入、支出合计数和结存数（实践条件许可的话还可以与库存的模拟现金实存数核对相符），做到账款相符，日清月结。

按照会计制度规定，现金日记账由出纳员根据审核后的现金收、付款凭证进行逐日逐笔序时登记。同时，由其他会计人员根据收、付款凭证，汇总登记总分类账。由于从银行提取现金业务，只填银行存款、付款凭证，不填现金收款凭证，因此，从银行提取现金的收入数，应根据银行存款付款凭证登记"借方（收入）"栏。具体来讲，现金日记账的登记方法如下：

（1）将登账时的日期填入"日期"栏内。

（2）将登账所依据的反映银行存款增减业务的收、付款凭证，编号填入"凭证号"栏内，以便日后核对、查询。

（3）按照收付款的摘要内容填入日记账的"摘要"栏内。

（4）根据收、付款凭证中的会计分录，将与银行存款科目相对应的科目名称填入"对方科目"栏。

（5）按不同业务的内容，将银行存款的增减金额填入"借"或"贷"栏内，并结出余额。

（6）日记账必须逐笔登记，不能合并。

（7）日记账每日要结出当日的发生额和余额，并划红线结账。现金日记账的登记方法与银行存款日记账的登记方法相同，其依据的收、付款凭证主要反映现金增、减变化的经济业务。

现金日记账也要逐日逐笔登记，每日结出发生额和余额，其余额数要与库存现金实有数相核对。如发现账存与实存不相符时，需立即查找原因。现金日记账的格式与银行存款日记账的格式相似。

5.2.6　登记现金日记账的要求

登记现金日记账的总要求是：分工明确，专人负责，凭证齐全，内容完整，登记及时，账款相符，数字真实、准确，书写工整，摘要清楚，便于查阅，不重记、漏记、错记，按期结账，不拖延，按规定方法更正错账等。具体要求如下。

（1）根据复核无误的收、付款记账凭证记账。如果原始凭证上注明"代记账凭证"字样，经有关人员签章后，也可作为记账的依据。

（2）所记载的内容必须同会计凭证相一致，不得随便增减。出纳员登记出纳账簿时，应将会计凭证日期、编号、业务内容摘要和其他有关资料逐项填入账内，做到数字准确、摘要清楚、登记及时、字迹工整。

（3）逐日、逐笔序时登记，并于当日结出余额，不拖延积压。

（4）连续登记，不得随便更换账簿，不准撕毁账页，作废的账页也应留在账簿中。在一个会计年度内，账簿尚未用完时，不得以任何借口更换账簿或重抄账页。不得跳行、隔页，如不慎发生跳行、隔页时，应在空页或空行中间划线加以注销，或注明"此行空白""此页空白"字样，应由记账人员盖章，以示负责。

（5）按时结账，账款相符，做到日清月结。现金日记账不得出现贷方（或红字）余额。

（6）日记账中书写的文字和数字上面要留有适当空格，不要写满格，一般应占格距的1/2。登记日记账要用蓝黑墨水或碳素墨水书写，不得使用圆珠笔、铅笔书写。红色墨水只能在结账划线、划线更正错误和红字冲账时使用。

5.3 如何登记银行存款日记账

5.3.1 什么是银行存款日记账

银行存款日记簿是专门用来记录银行存款收支业务的一种特种日记账，是逐日、逐项记录一个单位银行存款收、付及结存情况的账簿。银行存款日记账必须采用订本式账簿。银行存款日记账的设置与现金日记账基本相同，不同之处是在摘要栏后要增设"结算凭证"和"对方科目"两栏，以便与银行对账单核对。其账页格式一般采用"收入"（借方）、"支出"（贷方）和"余额"三栏式。银行存款收入数额应根据有关的现金付款凭证登记。每日业务终了时，应计算、登记当日的银行存款收入合计数、银行存款支出合计数、登记账面结余额，以便检查监督各项收入和支出款项。

银行存款日记账也可以采用多栏式的格式，即将收入栏和支出栏分别按照对方科目设置若干专栏。多栏式银行存款日记账按照银行存款收、付的每一对应科目设置专栏进行序时、分类登记，月末根据各对应科目的本月发生额一次过记总账有关账户，因而不仅可以清晰地反映银行存款收、付的来龙去脉，而且可以简化总分类账的登记工作。在采用多栏式银行存款日记账的情况下，如果银行存款收、付的对应科目较多，为了避免账页篇幅大，可以分设银行存款收入日记账和银行存款支出日记账。

银行存款日记账由出纳员根据银行存款收款凭证、银行存款付款凭证逐日逐笔顺序登记，登记银行存款日记账的要求基本同于登记现金日记账的要求。应当注意的是，"银行存款日记账"的余额应与银行存款总账的余额核对相符。为了避免银行存款账目发生差错，企业应至少每月与银行对一次账，将银行存款日记账与银行对账单进行逐笔核对。

5.3.2　银行存款日记账的登记

银行日记账的登记与现金日记账的登记基本一致，我们通过举例的方法，对银行日记账的登记方法进行讲述：

雷顿公司在 2019 年 1 月 6 日发生了以下几笔业务，分别如下：

（1）1 月 6 日销售甲产品 50 吨，货价和增值税合计为 56 500 元，其中货价为 50 000 元；

（2）1 月 6 日购买办公用品 1 268 元。

以上业务的会计分录如下：

业务 1：

借：银行存款　　　　　　　　　　　　　　　　　　56 500
　　贷：主营业务收入——甲产品　　　　　　　　　　50 000
　　　　应交税金——应交增值税（销项税额）　　　　6 500

业务 2：

借：管理费用　　　　　　　　　　　　　　　　　　1 268
　　贷：银行存款　　　　　　　　　　　　　　　　　1 268

银行存款日记账的登记如表 5-1 所示：

表 5-1　银行存款日记账

（单位：元）

2019 年		凭证号码		对方科目	摘要	收入	付出	结余
月	日	字	号					
1	1				承前页			52 300.00
1	6	银收	1	主营业务收入	销售甲产品 50 吨	50 000.00		
				应交税金		6 500.00		
1	6	银付	2	管理费用	购入办公用品		1 268.00	
					本日合计	56 500.00	1 268.00	107 532.00

第 6 章 出纳工作内容之
——现金管理

本章导读

现金又称库存现金，是指存放在企业并由出纳人员保管的现钞，包括库存的人民币和各种外币。现金是企业中流动性最强的资产，可以随时用其购买所需的各种物资、支付有关费用、偿还债券，也可以随时存入银行。企业为保证生产经营活动的正常进行，必须拥有一定数额的现金，用以购买零星材料、发放工资、缴纳税金、支付手续费或进行对外投资活动等。

"现金为王"一直以来都被视为企业资金管理的中心理念。现金是企业资产中流动性最强的资产，持有一定数量的现金是企业开展正常生产活动的基础，是保证企业避免支付危机的必要条件；同时，现金又是获利能力最弱的一项资产，过多地持有现金会降低资产的获利能力。所以现金管理的目标是在满足需要的基础上尽量减少现金的持有量，提高盈利能力。

由于出纳人员是现金和银行存款的直接管理者，所以现金管理是出纳人员的主要职责之一。

本章重点介绍现金的定义、现金的提取支付送存业务、备用金的管理、现金出纳凭证和账簿；现金出纳核算以及账实不符的处理方法；现金管理过程中的原则、内容、内部控制、管理制度。

6.1 现金出纳业务的办理

6.1.1 什么是现金

按照国际惯例，现金是指可随时作为流通与支付手段的票证。会计范畴的现金又称库存现金，是指存放在企业并由出纳人员保管的现钞，包括库存的人民币和各种外币。它可以随时用来购买所需物资，支付日常零星开支，偿还债务等，是流动性最强的一种货币性资产。从理论上，现金的概念有广义和狭义之分。

广义现金包括库存现款和视同现金的各种银行存款、流通证券等；狭义的现金仅指企业的库存现金，即会计范畴的现金，是指企业所拥有的硬币、纸币，即由企业出纳人员保管作为零星业务开支之用的库存现款，包括人民币现金和外币现金。我们通常所说的现金是指狭义的现金。

由于现金是流动性最强的资产，加强现金管理能保证货币发行权集中于中央，这对于保护企业资产安全和完整、维护社会经济秩序具有十分重要的意义。因此，国家对于现金的使用管理有着较为严格的规定，并由国务院颁发了《现金管理暂行条例》。

6.1.2 现金的提取

当各单位需要用现金发放工资，或者需要用现金支付而库存现金小于库存现金定额而需要现金补足时，除了按规定可以用非业务性现金收入补充以及国家规定可以坐支的以外，均应按银行规定的现金使用范围从银行提取现金。整个的现金提取过程可分为三个步骤，即签发现金支票、取款并清点、记账。

1. 签发现金支票

现金支票是专门用于支取现金的一种支票，由存款人签发，委托开户银行向收款人支付一定数额的现金。开户单位应按现金的开支范围签发现金支票，现金支票的金额起点为 100 元，其付款方式是见票即付。

签发现金支票应认真填写支票的有关内容，如款项用途，取款金额，签发单位账号，收款人名称（开户单位签发现金支票支取现金，是以自己为收款人），加盖财务章和名章等。现金支票的具体填写要求是：必须使用钢笔，用碳素墨水或蓝黑墨水按支票排定的号码顺序填写，书写要认真，不能潦草，也不能用蓝墨水，更不能用红墨水填写；签发日期应填写实际出票日期，不得补填或预填日期；收款人名称填写应与预留印鉴名称保持一致；大小写金额必须按规定书写，如有错误，不得更改，须作废重填；用途栏应填清真实用途；签章不能缺漏，必须与银行预留印鉴相符。

2. 取款并清点

取款人持出纳人员签发的现金支票到银行取款时，一般要遵从以下几个步骤。

（1）将现金支票交银行有关人员审核。

（2）审核无误后将支票交给经办单位结算业务的银行经办出纳人员，等待取款。

（3）银行经办人员对支票进行审核，核对密码及预留印鉴后，办理规定的付款手续。

（4）取款人应根据银行经办人员的要求回答应提取的数额，回答无误后银行经办人员即照支票付款。

（5）取款人收到银行出纳人员付给的现金时，应当面清点现金数量，清点无误后才能离开柜台。一般来说，取款人在清点现金时，要注意以下几点：

①清点现金，特别是在单位清点最好由两人以上同时进行。

②清点现金应逐捆、逐把、逐张进行。清点时不能随意混淆或丢弃每一把的腰纸，只有把全捆所有把数清点无误后，才可以将每把的腰纸连同每捆封签一起扔掉。

③在清点时发现有残缺、损伤的票币，以及假钞应向银行要求调换。

④所有现金应清点无误后才能发放使用，切忌一边清点一边发放，否则

一旦发生差错将无法查清。

⑤在清点过程中，特别是回单位清点过程中，如果发现确有差错，应将所取款项保持原状，通知银行经办人员，妥善进行处理。

3. 记账

各单位用现金支票提取现金，应根据支票存根编制银行存款付款凭证，其贷方科目自然为银行存款，其借方科目则为现金，相应地其会计分录为：

借：现金   ×××

  贷：银行存款   ×××

6.1.3 现金的支付

1. 明确现金支付的范围

按照《现金管理暂行条例》的规定，企业可以在下列范围内支付现金。

（1）职工工资、各种工资性津贴。

（2）支付给个人的各种奖金。

（3）各种劳保、福利费用以及国家规定的对个人的其他现金支出。

（4）个人劳务报酬。

（5）单位出差人员必须随身携带的差旅费。

（6）收购单位向个人收购农副产品和其他物资的价款。

（7）结算起点以下的零星支出。

（8）中国人民银行确定需要现金支付的其他支出，如因采购地点不确定、交通不便，抢险救灾以及其他特殊情况，办理转账结算不够方便，必须使用现金的支出。

（9）除上述第（5）、第（6）两项之外，各单位支付给个人的款项中每人每次不得超过本单位的限额，超过限额部分，可根据提款人的要求在指定的银行转为个人储蓄存款或以支票、银行本票支付。确需全额支付现金的，应经开户银行审查批准后予以支付。

（10）在银行开户的个体工商户、农村承包经营户异地采购的货款应通过银行以转账方式进行结算。如遇前述第（8）项特殊情况需使用现金应由开户人向开户银行提出申请，开户行根据需要支付现金。

（11）机关、团体、部队、全民所有制和集体所有制企业、事业单位购置国家规定的专项控制商品，必须采取转账结算方式，不得使用现金结算。

2. 现金支付的原则

出纳人员必须以严肃谨慎的态度处理现金支付业务，因为一旦发生失误，将会造成不可追补的经济损失。现金支付主要有以下几个原则。

（1）必须以真实、合法、准确的付款凭证为依据。

（2）必须以谨慎严肃的态度来处理支付业务，宁可慢一些，也不能疏忽大意。

（3）必须以手续完备、审核无误的付款凭证为最终付款依据。

（4）现金支付时，当面点清，双方确认无误。

（5）不得套取现金用于支付。套取现金是指逃避现金审查，采用不正当手段支取现金的违法行为。主要有以下几种表现：

①编造合理用途或以支取差旅费、备用金的名义支取现金。

②利用私人或其他单位的账户支取现金。

③用公款转存个人储蓄账户支取现金。

④用转账方式通过银行、邮局汇兑，异地支取现金。

⑤用转账凭证换取现金的。

⑥虚报冒领工资、奖金和津贴补助的。

3. 现金支付的程序

支付现金有主动支付和被动支付两种情形。主动支付是指出纳部门主动将现金付给收款单位和个人，如发放工资、奖金、薪金、津贴以及福利等现金支出，其程序如下。

（1）根据有关的资料编制付款单，并计算出付款金额。

（2）根据付款金额清点现金（不足应从银行提取），按单位或个人分别装袋。

（3）现金发放时，如果是直接发给收款人的，要当面清点并由收款人签收（签字或盖章）；如果是他人代为收款的，由代收人签收。

（4）根据付款单等资料编制记账凭证。

（5）根据记账凭证登记现金日记账。

被动支付是指收款单位或个人持有关凭据到出纳部门领报现金，其程序如下。

（1）受理原始凭证。如报销单据、借据、其他单位和个人的收款收据等。

（2）审核原始凭证。

（3）在审核无误的付款凭证上加盖"现金付讫"印章。

（4）支付现金并进行复点，并要求收款人当面点清。

（5）根据原始凭证编制记账凭证。

（6）根据记账凭证登记现金日记账。

4.现金支付的方式

在出纳工作中，现金支付有直接支付现金和支付现金支票两种基本方式。

直接支付现金方式，是指出纳人员根据有关支出凭证直接支付现金，减少库存现金的数量。使用这种方式支付现金，出纳部门或人员要事先做好现金储备，在不超过库存现金限额的情况下，保障现金的支付。

支付现金支票方式，是指出纳人员根据审核无误的有关凭证，将填好的现金支票交给收款人，由收款人直接到开户银行提取现金的支付方式，主要适用于大宗的现金付款业务。

5.记账

各单位用现金进行支付后，应根据实际支付的金额编制现金付款凭证，其贷方科目自然为现金，其借方科目则为相应费用类科目或其他科目，相应地其会计分录为：

借：管理费用（费用类科目或其他科目）　　　　×××
　贷：现金　　　　　　　　　　　　　　　　×××

6.1.4　现金的送存

根据规定，各单位必须按开户银行核定的库存限额保管、使用现金，在日常现金收支业务中，除了根据规定可以坐支的现金和非业务性零星收入收取的现金，可以用于补足库存现金限额的不足的外，其他业务活动取得的现金及超过库存现金限额的现金，都必须及时送存银行。送存现金的基本程序如下。

1. 整点票币

送款前应将送存款清点整理，按币别、币种分开。纸币要平铺整齐，将同面额的纸币摆放在一起，按每一百张为一把整理好，用纸条在腰中捆扎好，不够整把的，从大额到小额顺放；将同额硬币放在一起，壹元、伍角、壹角硬币，按每伍拾枚用纸卷成一卷，分币按一百枚用纸卷成一卷，十卷为一捆。不足一卷的一般不送存银行，留作找零用。最后合计出需要存款的金额。

残缺破损的纸币和已经穿孔、裂口、破缺、压薄、变形以及正面的国徽、背面的数字模糊不清的币，应单独剔出，另行包装，整理方法与前同。

2. 填写现金解款单

款项清点整齐核对无误后，由出纳人员根据整点好的存款金额填写现金解款单。各种币别的金额合计数应与存款金额一致。现金解款单为一式三联或一式二联，这里以中国工商银行上海市（分行）现金解款单（三联单）为例，第一联为回单，此联由银行盖单后退回存款单位；第二联为收入凭证，此联由收款人开户银行作凭证；第三联为附联，作附件，是银行出纳留底联。

出纳人员在填写现金解款单时，必须注意以下几点。

（1）要用双面复写纸复写。

（2）交款日期必须填写交款的当日。

（3）收款人名称应填写全称。

（4）款项来源要如实填写。

（5）大小写金额的书写要标准。

（6）券别明细账的张数和金额必须与各券别的实际数一致，1元、5角、1角等既有纸币又有硬币的，应填写纸币、硬币合计的张数和金额。

3. 送存交款

以上两个步骤完成后，应将现金连同"现金解款单"一并送交银行柜台收款员。票币要一次性交清，当面清点，如有差异，应当面复核。银行核对后在现金解款单上加盖"现金收讫"和银行印鉴后将第一联即回单联退回交款人，表示款项已收妥。收款人在拿到回单联后应及时检查，确认为本单位交款回单，在银行有关手续已经办妥后即可离开柜台。

出纳人员在送存现金时应注意以下事项：

（1）交款人最好是现金整理人，这样可以避免发生差错时难以明确责任。

（2）凡经整理好准备送存银行的现金，在填好"现金送款簿"后，一般不宜再调换票面，如确需调换的，应重新复点，同时重新填写"现金送款簿"。

（3）送存途中必须注意安全，当送存金额为较大的款项时，最好用专车，并派人护送。

（4）临柜交款时，交款人必须与银行柜台收款员当面交接清点，做到一次交清，不得边清点边交款。

（5）交款人交款时，如遇到柜台较为拥挤，应按次序等候。等候过程中，应做到钞票不离手，不能置于柜台之上，以防发生意外。

4. 记账

在现金送存的不同阶段，应当根据具体情况进行记账。

（1）由出纳人员送存银行的记账

如果现金是由出纳人员汇总后送存银行的，则收到现金时财务部门应根据实际情况编制如下会计科目：

借：现金   ×××
 贷：销售收入（相关科目）   ×××

（2）取回"现金送款簿"后的记账

交款人将现金送存银行并取回"现金送款簿"（回单联）后，财务部门应根据"回单联"填制现金付款凭证，其贷方科目当然为"现金"，其借方科目则为"银行存款"，其会计分录为：

借：银行存款   ×××
 贷：现金   ×××

（3）由企业柜台直接送存银行的记账

如果现金不是由出纳人员汇总后送存银行，而是由企业柜台直接送存银行，则财务部门应根据"现金送款簿"（回单联）直接编制银行存款收款凭证，其借方科目当然为"银行存款"，贷方科目则依具体情况而定，会计分录如下：

借：银行存款　　　　　　　　　　　　　　　×××

贷：销售收入（或相关科目）　　　　　　　　×××

6.1.5　备用金管理

所谓备用金是指企业财会部事先预付给各部门的，用于各部门备用的一笔款项，一般用作零星开支、零星采购、售货找零或差旅费等。备用金制度有利于单位内部各部门或工作人员积极灵活地开展业务，提高工作效率。当从银行取得备用金后，应加强对备用金的管理，备用金管理包括借支管理和保管管理。

1. 备用金借支管理

（1）企业各部门填制"备用金借款单"，一方面财务部门核定其零星开支便于管理；另一方面凭此单据支给现金。

（2）各部门零星备用金，一般不得超过规定数额，若遇特殊需要应由企业部门经理核准。

（3）各部门零星备用金借支应将取得的正式发票定期送到财务部门备用金管理人员（出纳人员）手中，冲转借支款或补充备用金。

2. 备用金保管

（1）备用金收支应设置"备用金"账户，并编制"收、支日报表"送经理。

（2）备用金定期根据取得的发票编制备用金支出一览表，及时反映备用金支出情况。

（3）备用金账户应做到逐月结清。

（4）出纳人员应妥善保管各种与备用金相关的票据。

6.2 现金出纳凭证与现金账簿

6.2.1 什么是现金出纳凭证

现金出纳凭证是记录现金收付业务活动，明确现金出纳工作中经济责任的书面证明，是登记现金账簿的重要依据。

现金出纳凭证可分为原始凭证和记账凭证两种。

现金出纳的原始凭证主要是出纳收入现金和支出现金的会计凭证。

现金出纳的记账凭证主要是根据现金收付业务的原始凭证编制的现金收款记账凭证和现金付款记账凭证。

现金出纳的原始凭证主要包括以下几种。

（1）发票

发票，是指企事业单位在购销商品，提供和接受劳务以及从事其他经营活动中开具的票据。它是进行会计核算的原始凭证，也是税务机关进行税务稽查的重要依据。

①普通发票。其基本内容包括：发票的名称、联次及用途、客户名称、商品名称、计量单位、数量、单价、大小写金额、开票人、开票日期、开票单位名称等。发票内容应当包括代扣、代收、委托代征税款的税率和代扣、代收、委托代征税款额。

②增值税专用发票。它是按照税法规定应当缴纳增值税的单位和个人在销售货物或者应税劳务时，购买方向接受劳务方开具的发票，是计算和缴纳增值税款的基础和前提。

（2）收据

收据主要是指财政部门印制的盖有财政票据监制章的收付款凭证，用于行政事业性收入，即非经营性业务，如行政收费、大中小学学杂费收取、罚没款等。收据通常有行政事业收费收据、教育收费收据、行政非税收入收据、行政事业往来收据等。一般用于不需要财务结算的收付款凭证，不能用于单位财务结算。

①非经营性收据。指国家机关，事业单位等按规定收取相关费用和咨询服务费所开具的收据。非经营性收据由国家财政部门统一印制或加盖监制章，国家机关、事业单位按规定收取各种费用时必须开具非经营性收据。

②内部收据。一般用于单位内部职能部门与职工之间的现金往来及与外部单位和个人之间的非经营性资金往来。企业支付款项收到内部收据时，不可以进行账务处理，必须取得正式收据，否则视为白条。

6.2.2　现金出纳凭证的填制

填制现金出纳凭证要求做到内容齐全，书写清晰，数据规范，会计科目准确，编号合理，签章手续完备等。

（1）现金出纳凭证的内容必须齐全。凡是凭证格式上规定的各项内容必须逐项填写齐全，不得遗漏和省略，以便完整地反映经济活动全貌，这是填制现金出纳凭证最起码的要求。

（2）填写现金出纳凭证的文字、数字必须清晰、工整、规范。

（3）记账凭证中所运用的会计科目必须适当。按照原始凭证所反映的现金出纳业务的性质，根据会计制度的规定，确定应"收"、应"付"会计科目，需要登记明细账的还应列明二级科目和明细科目的名称并据以登账。

（4）现金出纳凭证要求连续编号以便备查。记账凭证一般是按月顺序编写，即将每月第一天第一笔现金收付事项作为会计凭证的第一号，顺序编至月末。不允许漏号、重号、错号，为了防止记账凭证丢失，应在填制凭证时及时编号。

（5）现金出纳的签章必须完备。从外单位或个人处取得的原始凭证，必须盖有填制单位的公章或财务专用章；出纳人员办理收付款项以后，应在收付款的原始凭证上加盖"收讫""付讫"戳记；记账凭证中要有凭证填制人员、稽核人员、记账人员、会计主管人员的签名或盖章。另外，凡是经过审查和处理的凭证，必须加盖规定的公章并有有关人员的签章；传票附件要加盖"作附件"戳记；对外的重要单证如存单、存折、收据等应加盖业务公章。

6.2.3 现金出纳凭证的审核

现金出纳凭证的审核包括两种，分别是形式上的审核和实质上的审核。

（1）形式上的审核

审核凭证的填写是否符合规定的要求；填写的基本内容是否完整；有关经办人员是否签章，书写的字迹是否清晰，有无涂改、污损和不符合规定的更改；数字的计算如计量单位、数量、单价、金额是否正确，大小写金额是否相符；记账凭证是否附有原始凭证，内容是否一致，金额是否相符，其摘要是否简明扼要。

（2）实质上的审核

审核凭证所反映的经济业务是否符合国家方针、政策、行业法令法规。包括报销的开支是否超标准、超计划；是否正确运用会计科目；现金收支是否符合成本开支范围和费用开支标准，是否符合现金管理规定；是否受理印有"不作报销凭证"字样和盖有"报销无效"戳记的原始凭证等。

6.2.4 现金出纳账簿

现金出纳账簿，主要指现金日记账，是出纳用以记录和反映现金增减变动和结存情况的账簿。关于现金日记账的内容，登记的要求，我们已经在第5章中进行了详细的讲述，这里我们通过一个案例讲述现金出纳业务中，会计凭证的编制和现金日记账的登记：

雷顿公司在2019年1月15日发生了如下的现金收支业务：

（1）向职工李某报销医药费326元。

（2）作为办公用品，购入打印机硒鼓1个589元。

（3）收到本公司的子公司新兴公司支付的2017年度支付的股利16 000元。

编制以上业务的记账凭证，并登记现金日记账如表6-1～表6-4所示。

表 6-1　记账凭证 1

记　账　凭　证

2019 年 01 月 15 日　　　　　　　　　　　　　　编号　2019-1-008

摘要	一级科目	二级或明细科目	借方							贷方						
			万	千	百	十	元	角	分	万	千	百	十	元	角	分
报销李某医药费	应付福利费	医药费			3	2	6	0	0							
	现金											3	2	6	0	0
					3	2	6	0	0			3	2	6	0	0

财会主管：李华　　记账：张华　　出纳：赵武　　复核：刘清　　制单：陈峰

表 6-2　记账凭证 2

记　账　凭　证

2019 年 01 月 15 日　　　　　　　　　　　　　　编号　2019-1-009

摘要	一级科目	二级或明细科目	借方							贷方						
			万	千	百	十	元	角	分	万	千	百	十	元	角	分
购入打印机硒鼓 1 支	管理费用	办公耗材			5	8	9	0	0							
	现金											5	8	9	0	0
					5	8	9	0	0			5	8	9	0	0

财会主管：李华　　记账：张华　　出纳：赵武　　复核：刘清　　制单：陈峰

表 6-3　记账凭证 3

记　账　凭　证

2019 年 01 月 15 日　　　　　　　　　　　编号　2019-1-010

摘要	一级科目	二级或明细科目	借方								贷方							
			万	千	百	十	元	角	分	万	千	百	十	元	角	分		
收到新兴公司 2017 年股利	现金		1	6	0	0	0	0	0									
	应收股利	新兴公司								1	6	0	0	0	0	0		
			1	6	0	0	0	0	0	1	6	0	0	0	0	0		

财会主管：李华　　记账：张华　　出纳：赵武　　复核：刘清　　制单：陈峰

表 6-4　现金日记账

2019 年		凭证号码		对方科目	摘要	收入	付出	结余
月	日	字	号					
					承前页			1 356.00
1	15	总字	008	应付福利费	报销药费		326.00	
1	15	总字	009	管理费用	购入办公用品		589.00	
1	15	总字	010	长期投资	取得现金股利	16 000.00		
1	15				本日合计	16 000.00	915.00	16 441.00

6.3　现金出纳业务的会计核算

6.3.1　什么是现金出纳核算

现金出纳核算，又叫序时核算，是通过出纳人员设置的现金日记账进行的。按照经过审核的现金收款凭证和付款凭证的先后顺序逐日逐笔全部登记入账，并逐日结出金额与库存现金核对相符，以便于对现金收付业务开展日常的财务监督和事后的分析检查，并防止差错和挪用公款、贪污的现象发生，这是现金核算的重要内容。

6.3.2　现金收入业务的会计核算

现金收入核算，是各单位在其生产经营和非生产经营活动中取得现金的业务，包括销售商品、提供劳务而取得现金的业务，提供非经营性服务而取得收入的业务以及其他罚没收入等。出纳人员在进行现金收入业务时，一般都要涉及到原始凭证的填制和审核，记账凭证的填制和审核，现金收付及现金日记账的登记。

不同的单位在收到现金时，所编制的记账凭证上借方科目为"现金"，而贷方科目则应根据收入现金业务的性质及会计制度规定来确定。各单位的现金收入按其性质可分为以下几种。

1. 经营业务收入

如工业企业的产品销售收入中其他业务收入。发生该业务应作的会计分录为：

借：现金　　　　　　　　　　　　　　　　　　　×××
　贷：主营业务收入（或其他业务收入）　　　　×××
　　　应交税金——应交增值税（销项税额）　　×××

2. 非经营业务收入

如企业的投资收入、营业外收入。发生该业务应作的会计分录为：

借：现金 ×××

    贷：投资收益 ×××

或

借：现金 ×××

    贷：营业外收入 ×××

3. 预收现金款项

如企事业单位按照合同规定预收的定金等。预收账款可以通过"预收账款"核算，不设该科目的可以并入"应收账款"中核算。收到预收账款时的会计分录：

借：现金 ×××

    贷：预收账款（应收账款） ×××

4. 其他现金收款业务

主要指企事业单位向有关单位收取的罚款、赔款、押金等。发生该业务应作的会计分录为：

（1）收取个人的罚款、赔款时：

借：现金 ×××

    贷：其他应收款 ×××

（2）向其他单位或个人收取押金时：

借：现金 ×××

    贷：其他应付款 ×××

6.3.3　现金支付业务

现金支付业务，是指各单位在其生产经营过程和非生产性经营过程中向外支付现金的业务。它包括各单位向外购买货物、接受劳务而支付现金的业务，发放工资业务，费用报销业务，以及向有关部门支付备用金等。现金支出时，一定要有有效的支出凭证，并严格审查支出凭证的审批手续。现金支付业务涉及原始凭证、记账凭证的填制审核。

任何单位必须具有一定的库存现金才能开展支出业务，当库存现金小于需用现金时，除按国家规定可以"坐支"外，均应按规定从银行提取现金。用现金支票提取现金，根据支票存根编制银行存款付款凭证。具体现金支付业务主要有以下几种。

1. 工资发放业务

计算好工资后，就需从银行提取现金，出纳按每个员工的工资数或集体发放时整个部门的工资总额进行发放，并附以工资发放清单。发放工资的账务处理如下：

借：应付职工薪酬 ×××
　贷：现金 ×××

2. 费用报销业务

企事业单位在经营活动中将发生各种各样的费用，可持原始凭证到出纳处报销，出纳人员应认真审核这些开支是否符合各种规定，是否经有关人员批准。单位人员因公出差，可预支一些差旅费，其程序为先到财会部门领取并填写借款单，然后送所在部门领导和有关人员审查签字，出纳凭借款单支付现金。支付现金时，应作以下会计分录：

借：其他应收款 ×××
　贷：现金 ×××

出差人员持各种原始凭证，如车票、住宿费到出纳处报销，若事前预借差旅费的，应根据预借金额多退少补；未预借的，则根据批准报销金额支付现金。

报销时，实际花费超过预支额的，应作会计分录：

借：管理费用 ×××
　贷：其他应收款 ×××
　　现金 ×××

报销时，实际花费少于预支额的，多余部分应退回财务部门，这时应作会计分录：

借：管理费用 ×××
　　现金 ×××
　贷：其他应收款 ×××

6.3.4 现金短缺或溢余的核算

1. 查明原因前的账务处理

每日终了结算现金收支、财产清查等发现的有待查明原因的现金短缺或溢余，都必须进行账务处理。

（1）属于现金短缺

借：待处理财产损溢——待处理流动资产损溢　　　　×××

　　贷：现金　　　　　　　　　　　　　　　　　　　　×××

（2）属于现金溢余

借：现金　　　　　　　　　　　　　　　　　　　　　×××

　　贷：待处理财产损溢——待处理流动资产损溢　　　×××

2. 查明原因后的账务处理

（1）现金短缺

①属于应由责任人赔偿的部分。

借：其他应收款——应收现金短缺款（××个人）　×××

　　贷：待处理财产损溢——待处理流动资产损溢　×××

②属于应由保险公司赔偿的部分。

借：其他应收款——应收保险赔款　　　　　　　　×××

　　贷：待处理财产损溢——待处理流动资产损溢　×××

③属于无法查明的其他原因。

借：管理费用——现金短缺　　　　　　　　　　　×××

　　贷：待处理财产损溢——待处理流动资产损溢　×××

（2）现金溢余

①属于应支付给有关人员或单位的。

借：待处理财产损溢——待处理流动资产损溢　　　×××

　　贷：其他应付款——应付现金溢余　　　　　　　×××

②属于无法查明原因的。

借：待处理财产损溢——待处理流动资产损溢　　　×××

　　贷：营业外收入——现金溢余　　　　　　　　　×××

6.4　库存现金的管理

6.4.1　现金管理的原则

根据现金管理制度的规定，现金管理应贯彻以下四大原则。

1. 收付合法原则

收付合法原则，是指各单位在收付现金时必须符合国家的有关方针、政策和规章制度的规定。具体来讲，要做到：

（1）现金的来源和使用必须合法。

（2）现金收付必须在合法的范围内进行。

2. 钱账分管原则

钱账分管原则，即管钱的不管账，管账的不管钱。为保护现金的安全，会计工作岗位要有明确的分工，在财会部门内部建立相互制约和监督的机制。企业应配备专职的出纳人员负责办理现金收付业务和现金保管业务，任何非出纳人员均不得经管现金，这样便于相互核对账面，防止贪污盗窃和错账差款的发生。

（1）经管现金的出纳人员不得兼管收入、支出、债权债务账簿的登记工作、稽核工作和会计档案的保管工作。

（2）经营收入、支出、债权债务登记工作的会计人员，不得兼管出纳账登记工作、现金的收付工作和现金的保管工作。

3. 收付两清原则

为了避免在现金收付过程中发生差错，防止收付发生长、短款，现金收付时要做到复核，不论工作多忙、金额大小或对象熟生，出纳人员对收付的现金都要进行复核或由另外一名会计人员复核，切实做到现金收付不出差错；要做到收付款当面点清，对来财会部门取交现金的人员，要督促他们当面点清，如有差错当面解决，以保证收付两清。

4. 日清月结原则

所谓日清月结，就是出纳人员办理现金出纳业务，必须做到按日清理，按月结账。这里所说的按日清理，就是指出纳对当日的经济业务进行清理，全部登记日记账，结出库存现金账面余额，并与库存现金实有数额相符。现金日记账每月至少结一次账，业务多的可 10 天或半月定期结一次账，并与其他有关账面核对，看账账是否相符。

日清月结制度主要包括以下内容：

（1）检查凭证。首先应检查各种现金收款凭证，将其与所附各种原始凭证相核对，看是否与附件的金额、张数一致，以达到单证相符。同时，也应检查每种单证是否已加盖"收讫""付讫"的戳记。

（2）登记日记账。将当日所发生的现金收、付业务根据收付款凭证过入日记账，并检查日记账的登记内容、金额与收付凭证的内容、金额是否一致，并结出现金日记账当日库存现金账面余额。

（3）盘点库存现金。出纳人员应按人民币的面额分别清点数量，加总后得出当日现金的实存金额。将实存数额与现金账面余额核对，看两者是否相符，有无长短款现象。若有，查明后及时纠正，若是由于收付款过程中的失误而造成的，应由责任人负责赔偿；难以查明原因的，可报单位批准作为收益或损失处理。

（4）比较库存现金与库存现金限额。检查实际库存现金是否超过库存现金限额。如超过限额，出纳人员应将超过部分及时送存银行；如低于限额，则应补足现金。

6.4.2 现金管理的内容

现金管理主要是指各单位对现金收、付、存的管理。其具体内容包括以下几个方面。

1. 现金支出管理

现金支出的管理，主要是对现金使用范围及其现金支出的程序和凭证的合法性管理。

（1）现金支出的内容

①工资。

②差旅费的报销。单位工作人员因公出差需借支差旅费，应先到财务部门领取并填写借款单，按照借款单所列内容填写完整，然后送所在部门领导和有关部门人员审查签字。出纳人员根据自己的职权范围，审核无误后给予现金支付。出差人员回来后，应持各种原始凭证至出纳人员处报销，出纳人员要熟知差旅费的开支范围、标准和方法。

③差旅费以外的其他费用。各单位内部有关人员进行零星物品采购或单位职工支付医药费等费用，可持原始凭证到出纳处，出纳人员认真审核这些开支是否符合各种规定，是否有有关人员或部门批准后予以报销。出纳人员依据批准报销的金额支付现金，在原始凭证上加盖"现金付讫"印章，并依此原始凭证编制记账凭证，登记日记账。

④备用金的预借。单位内部人员需领用备用金时，一般由经办人填写借款单据。借款单据可采用一式三联式凭证，第一联为付款凭证，财务部门作为记账依据；第二联为结算凭证，借款期间由出纳人员留存，报销时作为核对依据，报销后随同报销单据作为记账凭证的附件；第三联交借款人员保存，报销时由出纳人员签字后作为借款结算及时交回借款的收据。

⑤备用金的报销。备用金可以分为定额备用金和非定额备用金两种。

定额备用金，是指单位经常使用备用金的内部各部门或工作人员用作零星开支、零星采购、售货找零或差旅费等，实际需要核定一个现金数额，并保证其经常保持核定的数额。

非定额备用金，是指单位对非经常使用备用金的内部各部门或工作人员，根据每次业务所需备用金的数额填制借款凭证，向出纳人员预借现金，使用后凭发票等原始凭证一次性到财务部门报销，多退少补，一次结清，下次再用时重新办理借款手续。

（2）现金支出的基本程序

①填制原始凭证。出纳人员认真填制现金支出原始凭证，经有关人员签字盖章，对原始凭证进行认真审核，确认原始凭证真实、合法、准确。

②编制记账凭证。出纳人员根据审核无误的原始凭证编制记账凭证。

③根据审核无误的收、付款记账凭证的登记现金日记账。

（3）现金支付的原始凭证

现金支付业务的原始凭证可分为外来原始凭证和自制原始凭证。

外来原始凭证是由于向外购货或接受劳务服务，而由供货方或提供劳务服务方填写原始凭证。自制原始凭证，是由本单位在发生付款业务时由本单位统一制作或外购并填开的原始凭证。常见的付款原始凭证有以下几种：

①工资表。工资表是各单位按月向职工支付工资的原始凭证。出纳人员按每个员工的工资数计算工资总额，通过银行办理，并附以工资发放清单。

②报销单。报销单是各单位内部有关人员为单位购买零星物品，接受外单位或个人劳务费或服务而办理报销业务，以及单位职工报销医药费、托补费等使用的单据。

③借款收据。一般适用于单位内部所属机构为购买零星办公用品，或职工因公出差等原因向出纳员借款时的凭证。

④领款收据。领款收据是本单位职工向单位领取各种非工资性奖金、津贴、补贴、劳务费和其他各种现金款项及其他单位或个人向本单位领取各劳务费、服务费时填制的，作为付款凭证的凭证。

⑤旅费借款、报销单。出差人员预先借差旅费，可以使用差旅费借款结算单作为原始凭证。

（4）现金付款凭证的复核

出纳人员在复核现金付款凭证时应注意以下几点：

①对于涉及现金和银行存款之间的收付业务，只填制付款凭证，不填制收款凭证。如将当日营业款送存银行，制单人员根据现金解款单（回单）编制现金付款凭证，借方账户为银行存款，贷方账户为现金，不再编制银行存款收款凭证。

②发生销货退回时。如数量较少，且退款金额在转账起点以下，需用现金退款时，必须取得对方的收款收据，不得以退货发货票代替收据编制付款凭证。

③从外单位取得的原始凭证。如遗失，应取得原签发单位盖有有关印章的证明，并注明原始凭证的名称、金额、经济内容等，经单位负责人批准，

方可代替原始凭证。

2. 现金收入管理

单位现金收入的来源，主要包括零售产品销售收入、各种业务收入以及其他的零星收入。现金收入的管理就是要求各单位现金收入要合法，而且现金收入都应送存银行，需要的现金支出，一律从银行提取，不得任意"坐支"。

（1）现金的收入范围

根据我国现金管理制度的规定，日常业务的现金收入范围有：

①出售给国有单位、集体单位或私营单位的产品、材料及其他物资或提供劳务、业务咨询、信息等方面，不能通过转账办理结算手续的收入。

②出售给个人的商品的现金收入。

③职工借用的备用金报销后退回的余款。

④其他应收取的利用现金结算的款项。

（2）现金收入管理的基本规定

①现金收入必须合法合理。从银行提取现金时，应在国家规定的使用范围和限额内开出现金支票，并注明用途，由本单位财务部门负责人签字和盖章，经开户银行审核后，才能支取。任何单位都不得编造用途套取现金。

在日常业务中收入现金时，必须符合国家制定的现金收入范围，不得在出售商品和金额超过结算起点时，拒收银行结算凭证而收取现金，或按一定比例搭配收取现金等。

②现金收入手续必须严格。收入现金时必须坚持先收款，当面清点现金无误后，再开给交款人"收款收据"，不能先开收据后收款。一切现金收入都应开具收款收据，即使有些现金收入已有对方付款凭证，也应开出收据给交款人，以明确经济责任；收入现金时，签发收据和经手收款，按要求也应当分开，以防作弊。

③现金收入要坚持一笔一清。现金收入时要清点完一笔，再清点另一笔，几笔收款不能一起办理，以免互相混淆或调换；一笔款项未办理妥当，出纳不得离开座位；收款过程应在同一时间内完成，不准收款后，过一段时间再来开收据；对已完成收款的收据应加盖"现金收讫"字样。

④现金收入要及时送存银行。根据《现金管理暂行条例》规定："开户

单位现金收入应当于当日送存开户银行，当日送存确有困难的，由开户银行确定送存时间。"

（3）现金收入的处理程序

①从银行提取现金。各单位应在银行规定的现金使用范围办理提取现金业务。

②出纳向外单位或顾客直接收款。

③收款员、营业员收款后交出纳人员。零售商店、门市部和旅游饮食服务业单位，由于收款业务比较频繁，一般都采取由营业员分散收款或由收款员集中收款后，每日再定时向出纳缴款。

（4）现金收入的审核

为确保收款凭证的合法、真实和准确，出纳人员在办理每笔现金收入前，都必须首先复核现金收款凭证，要求认真复核以下内容：

①现金收款凭证的填写日期是否正确，现金收款凭证的填写日期应为编制收款凭证的当天，不得提前或推后。

②现金收款凭证的编号是否正确，有无重号、漏号或不按日期顺序编号等情况。

③现金收款凭证记录的内容是否真实、合法、准确，其摘要栏的内容与原始凭证反映的经济业务内容是否相符。

④使用的会计科目是否正确。

⑤复核收款凭证的金额与原始凭证的金额是否一致。原始凭证大小写金额是否相同，有无印章。

⑥复核收款凭证"附单据"栏的张数与所附原始凭证张数是否相符。

⑦收款凭证的出纳、制单、复核、财务主管栏目是否签名或盖章。

3.现金库存的管理

现金库存的管理，主要是对库存现金及其限额的管理。它包括库存现金安全性的保证、库存现金限额不得突破等内容。

（1）单位收入的现金不准以个人储蓄存款方式存储

单位收入的所有现金应由财会部门统一管理，存储在财会部门或开户银行，无论是收入的利息归单位所有还是归个人所有，都不能以个人储蓄方式存入银行。

（2）不能以"白条"抵库

所谓"白条"，是指没有审批手续的凭据。因此"白条"不能作为记账的依据。

（3）不准设"账外账"和"小金库"

"账外账"，是指有的单位将一部分收入没有纳入财务统一管理，而是在单位核算账簿之外另设一套账来记录财务统管之外的收入。

"小金库"又称"小钱柜"，是单位库存之外保存的现金和银行存款，一般情况下与单位设置的"账外账"相联系。

设置"账外账"和"小金库"是侵占、截留、隐瞒收入的一种违法行为，为各种违法违纪提供了条件，危害性极大，必须坚决予以取缔。

（4）库存现金的清查

库存现金的清查包括出纳每日的清点核对和清查小组定期或不定期的清查。现金清查的基本方法是实地盘点库存现金的实存数，再与现金日记账的余额进行核对，看是否相符。清查现金时，应注意以下几个方面：

①以个人或单位名义借款或取款而没有按手续编制凭证的字条（即白条），不得充抵现金。

②代私人存放的现金等，如事先未作声明又无充分证明的，应暂时封存。

③如发现私设的"小金库"，应视作溢余，另行登记，等候处理。

④如果是清查小组对现金进行清点，一般都采用突击盘点，不预先通知出纳；盘点时间最好在一天业务没有开始之时或一天业务结束后，由出纳将截止清查时现金收付款项全部登记入账，并结出账面余额，这样可以避免干扰正常的业务。

⑤清查时，出纳应在场提供情况，积极配合，清查后，应由清查人员填制"现金盘点报告表"，列明现金账存、实存和差异的金额及原因，并及时上报有关负责人。

⑥现金清查中，如果发现账实不符，应立即查找原因，及时更正，不得以今日长款弥补它日短款。

4.现金核算的管理

现金核算的管理，主要是指在现金的收、付、存业务活动中，要严格按照会计准则和会计制度的要求进行核算，全面、系统、连续地计量、记录，反映现金的收、付、存业务活动。

6.4.3 现金管理的内部控制

建立健全一套完善的现金内部控制制度，应当包括授权审批制度、职务分离制度、文件记录制度、内部审计制度等内容，以保证企业现金的安全完整，防止不法分子贪污、挪用、偷盗。

1.授权审批制度

企业必须依照国家的有关方针、政策和规章制度，加强对现金开支审批的管理。一般包括以下内容：

（1）明确现金开支界限

企业明确现金开支界限有以下两个方面：

①应当在现金管理规定的范围内支付现金，办理现金结算。

②应当保证现金支出的安全性，如职工个人借款的金额不得超过其应付工资的金额，个人医药费用的报销不得超过规定的标准，个人差旅期间的出差补助不得超过规定的标准等。

（2）明确现金报销手续

企业应当按其经济业务的内容和管理要求设计各种报销凭证，如工资表、差旅费报销单、购料凭证、借款单等，并应告知有关人员相应的填制方法，避免出现误填误报。

同时，企业还应规定各种报销的程序和传递手续，确定各种现金支出业务的报销要求，超出现金开支界限或未按规定填制单据的各种支出不予报销。

（3）现金支出的审批权限

企业应根据其经营规模和内部职责分工情况，确定不同额度和不同的现金支出审批权限。

对于没有经过审核批准或有关人员超越规定审批权限的，出纳人员不予受理。

2.职务分离制度

企业应对现金内部控制系统中不相容的职务实行分工负责,主要是建立钱账分管制度,具体包括以下内容:

(1)企业应配备专职或兼职的出纳人员办理现金收付和保管工作,非出纳人员不得经管。

(2)现金收支的授权审批和执行现金收支的职务应当分离。

(3)执行现金业务和记录现金业务的职务要分工。

(4)现金保管与稽核职务要分工。

(5)登记现金日记账和登记现金总账的职务要分工。

(6)出纳人员不得兼管收入、费用、债权、债务等账目的登记工作。

(7)出纳人员不得兼管会计档案的保管工作。

3.文件记录控制

财务文件记录是记录经济业务内容,明确有关人员责任的书面证明。为了保证文件记录的完整和真实性,加强对现金管理的监督,必须加强文件记录控制。

(1)出纳人员办理现金收付的原始单据必须真实、完整、合法。

(2)出纳人员登记日记账的记账凭证必须审核无误。

(3)文件记录的保管应当有专人负责。

(4)任何人不得擅自更改、涂抹、销毁有效的文件记录。

4.内部稽核制度

企业内部稽核的主要目的是为了确保业务记录能够真实、准确,加强对岗位责任的监督管理,防范内部不利因素的影响。内部稽核制度具体包括以下内容:

(1)出纳人员办理现金出纳业务时,必须做到按日清理,按月结账,保证账实相符。

(2)会计人员应当定期进行账证、账账核对,保证现金总账与现金日记账一致。

(3)稽核人员应当定期或不定期地进行现金清查,及时发现可能发生的现金差错或丢失情况，防止贪污、盗窃、挪用等不法行为的发生，确保企业资金安全完整。

6.4.4 企业现金管理制度的建立

建立完备的现金管理制度，是保证现金资产安全性的制度基础，按照《现金管理暂行条例》的规定，现金管理制度主要包括以下内容。

1. 现金的使用范围

关于现金的支付范围，主要有五部分内容，分别是工资，差旅费的报销，差旅费以外的其他费用，备用金的预借，备用金的报销。

2. 企事业单位的库存现金限额

（1）库存现金限额

为了加强对现金的管理，既保证各单位现金的安全，又促使货币回笼，及时开支，国家规定由开户银行给各单位核定一个保留现金的最高额度，即库存现金限额。开户单位由于经济业务发展需要增加或减少库存现金限额，应按必要手续向开户银行提出申请。

核定单位库存限额的原则是：既要保证单位日常零星现金支付的合理需要，又要尽量减少现金的使用。

（2）库存现金限额的核定管理

为了严格现金管理，保证各单位及时支付日常零星开支，《现金管理暂行条例》及其实施细则规定，库存现金限额由开户银行和开户单位根据具体情况商定，凡在银行开户的单位，银行根据实际需要核定3～5天的日常零星开支数额作为该单位的库存现金限额。边远地区和交通不便地区的开户单位，其库存现金限额的核定天数可适当放宽在5天以上，但最多不得超过15天的日常零星开支的需要量。

库存现金限额每年核定一次，经核定的库存现金限额，开户单位必须严格遵守。其核定具体程序为：

①开户单位与开户银行协商核定库存现金限额。公式为：

库存现金限额=每日零星支出额×核定天数

每日零星支出额=月（季）平均现金支出总额÷月（季）平均天数

②由开户单位填写"库存现金限额申请批准书"。开户单位将申请批准书报送单位主管部门，经主管部门签署意见，再报开户银行审查批准，开户单位凭开户银行批准的限额数作为库存现金限额。

③各单位实行收支两条线，不准"坐支"现金。所谓"坐支"现金是指企业事业单位和机关、团体、部队从本单位的现金收入中直接用于现金支出。办理开户所需提供的文件和资料，办理的手续，以及涉及的有关机构与部门各不相同。

④企业送存现金和提取现金，必须注明送存现金的来源和支取的用途。

⑤如何用现金在外地采购。各单位的外地采购业务，如因采购地点不固定、交通不便、生产或市场急需、抢险救灾以及其他特殊原因必须使用现金的，应由本单位财会部门负责人签字盖章，向开户银行申请审批，开户银行审查同意并开具有关证明后便可携带现金到外地采购。

⑥企业送存现金和提取现金，必须注明送存现金的来源和支取的用途。

⑦现金管理"八不准"。按照《现金管理暂行条例》及其实施细则规定，企事业单位和机关团体部队现金管理应遵循以下"八不准"：

◇不准用不符合财务制度的凭证顶替库存现金。

◇不准单位之间互相借用现金。

◇不准谎报用途套取现金。

◇不准利用银行账户代其他单位和个人存入或支取现金。

◇不准将单位收入的现金以个人名义存入储蓄。

◇不准保留账外公款。

◇不准发生变相货币。

◇不准以任何票券代替人民币在市场上流通。

（3）现金库存限额核定表

企事业单位的现金库存限额核定表的格式如表 6-5 所示。

现金是企业中流动性最强的货币资产，是可以立即投入流通的交换媒介，可以随时用其购买所需物资，支付有关费用，偿还债务，也可以存入银行。企业为保证生产经营活动的正常进行，必须拥有一定数额的现金，企业现金拥有量也是投资者分析判断企业财务状况好坏的重要指标。

表6-5　现金库存限额表

单位名称：　　　　　　　　　　　员工人数：
开户行：　　　　　　　　　　　　账号：　　　　　　　　单位：元

部门	库存限额		找零备用金额		简要说明
	申请数	核定数	申请数	核定数	
财务部门					财务出纳部门每天平均零星开支的现金＿＿元
各附属部门					
核准单位盖章		开户行意见		申请单位盖章	
	年　月　日		年　月　日		年　月　日

第 7 章 出纳工作内容之 ——银行存款管理

本章导读

按照国家现金管理和结算制度的规定，每个企业都要在银行开立账户，称为结算户存款，用来办理存款、取款和转账结算。除按规定可使用现金直接支付的款项外，其他都必须通过银行账户进行转账结算。

出纳人员在进行日常现金管理，确保企业正常资金运转的同时，对银行存款管理应齐头并进。为此，出纳人员有必要掌握银行账户管理方面的知识。

本章重点介绍了银行存款的概念、银行存款管理的内部制度、银行存款余额调节表的编制；银行账户的概念和管理原则，银行账户的使用、分类、变更、迁移、合并和撤销；贷款的申办和贷款证制度、银行存款核算、人民币银行结算账户管理办法。

7.1 认识银行存款管理

7.1.1 什么是银行存款

银行存款，就是指企事业单位存放在银行或其他金融机构中的货币资金。它是现代社会经济交往中的一种主要资金结算工具。根据国家有关规定，凡是独立核算的企业，都必须在当地银行开设账户。企业在银行开设账户后，除按银行规定的企业库存现金限额保留一定的库存现金外，超过限额的现金都必须存入银行。企事业经济活动所发生的一切货币收支业务，除按国家《现金管理暂行条例》中规定可以使用现金直接支付的款项外，其他都必须按银行支付结算办法的规定，通过银行账户进行转账结算。

7.1.2 银行存款管理有哪些内容

银行存款管理，就是指国家、银行、企业、事业、机关团体等有关各方对银行存款及相关内容进行的监督和管理。根据其管理对象不同，银行存款管理可分为银行存款账户的管理、银行存款结算的管理、银行存款核算的管理。

1. 银行存款账户的管理

银行存款账户的管理，主要是指有关银行存款账户的开立、变更、合并、迁移、撤销和使用等内容的管理。

2. 银行存款结算的管理

银行存款结算的管理，是银行存款管理的核心内容，主要是对经济活动引起的银行存款收、付业务的管理。银行存款结算的管理主要包括以下四个方面的内容：

（1）银行存款结算的原则性管理。

（2）银行存款结算的业务性管理。

（3）银行存款结算的纪律及责任规定。

（4）银行结算票据和凭证的管理。

3. 银行存款核算的管理

银行存款核算的管理，是指根据《会计法》及《企业会计准则》的规定，对银行存款业务进行确认、计量、核算和报告的管理。

7.1.3 银行存款内部控制制度

银行存款的内部控制制度，就是指企事业单位为维护银行存款的完整性，确保银行存款会计记录正确、可靠而对银行存款进行的审批、结算、稽核调整的自我调节和监督。

1. 建立内部控制制度的原则

建立内部控制制度应遵守的基本原则是指企业建立和设计内部控制制度时所必须遵循的客观规律和基本法则。它主要包括以下四个基本原则：

（1）内部牵制原则

内部牵制原则是指分离不相容职务，在各部门、各岗位之间建立起一种相互验证或共同验证的关系，对每项经济业务所分成的授权、主办、核对、执行和记录等几个步骤，不能同时交由一个人办理，如分离经济业务执行和审查；分离经济业务记录和执行；分离财产保管和记录；分离财产保管和财产核对；分离总账和明细账登记，从而达到自动纠错，防止舞弊现象。

（2）管辖范围原则

管辖范围原则是指根据各部门、各岗位的职能和性质，划分其工作范围，赋予其相应的权利和责任，规定其相应的操作程序和处理办法，确定其检查标准和纪律规范，以保证事事有人管，人人有专责，从而达到切实实施各项内部控制措施的目的。

（3）系统网络原则

系统网络原则是指将各部门和各岗位形成互相依存、互相制约的统一体，促进各岗位、部门的协调，发挥内部控制制度的总体功能，实现内部控制制度的总体目标。

（4）成本效益原则

成本效益原则是指实行内部控制制度与实行它而产生的经济效益，合理确定成本与效益的比例关系，既保证银行存款的安全完整，同时也达到对其控制管理目的。

2. 银行存款内部控制的内容

单位内部完善的银行存款控制制度，应当包括以下 8 个控制点，并围绕它们展开行之有效的银行存款内部控制。

（1）审批

单位主管或银行存款业务发生部门的主管人员，对将要发生的银行存款收付业务进行审查批准，或授权银行存款收支业务经办人，并规定其经办权限。审批一般以签字盖章方式表示。该过程主要为保证银行存款的收支业务要在授权下进行。

（2）结算

出纳人员复核了银行存款收付业务的原始凭证后，应及时填制或取得结算凭证，办理银行存款的结算业务，并对结算凭证和原始凭证加盖"收讫"或"付讫"戳记，表示该凭证的款项已实际收入或付出，避免重复登记。

（3）分管

银行存款管理中不相容职务的分离，如支票保管职务与印章保管职务相分离，银行存款总账与明细账登记相分离，借以保障银行存款的安全。

（4）审核

在编制银行收款凭证和付款凭证前，银行存款业务主管会计应审核银行存款收付原始凭证基本内容的完整性，处理手续的完备性以及经济业务内容的合规、合法性；同时，还要对结算凭证的上述内容进行审核，并把它与原始凭证相核对，审核其一致性，然后签字盖章。目的是为了保证银行存款收支业务记录的真实性、核算的准确性和银行存款账务处理的正确性。

（5）稽核

记账前稽核人员、审核人员审核银行存款收付原始凭证和收付款记账凭证内容的完整性，手续的完备性和所反映经济内容的合法、合规性；同时对这些凭证的一致性进行审核，并签字盖章以示稽核。该环节的目的是为了保证证证相符，以及对银行存款记录和核算的正确性。

（6）记账

出纳人员根据审核、稽核无误的银行存款收、付款凭证登记银行存款日记账，登记完毕，核对其发生额与收款凭证、付款凭证的合计金额，并签字盖章表示已经登记。银行存款总账会计根据审核、稽核无误的收款凭证、付款凭证或汇总的银行存款收付款凭证，登记银行存款总账，登记完毕，核对其发生额与银行收款凭证和付款凭证或银行存款汇总记账凭证的合计金额，并签字盖章表示已经登记。该环节用以保证账证相符以及银行存款账务处理的正确性。

（7）对账

在稽核人员监督下，出纳人员与银行存款总账会计对银行存款日记账和银行存款总账的发生额和余额相核对，并互相取得对方签证以对账。该环节的目的是为了保证账账相符，保证会计资料的正确性、可靠性以及银行账务处理的正确性。

（8）调账

银行存款主管会计定期根据银行对账单对银行存款日记账进行核对，编制"银行存款余额调节表"，并在规定的天数内对各未达账项进行检查。该环节的目的是保证企业的银行存款账与银行账相符，保证会计信息的准确性和及时性。

3. 如何实施银行存款内部控制

在实施银行存款内部控制时，各单位应根据自身特点，设定合理的控制点，制定符合自身情况的、健全的银行存款内部控制制度。

（1）授权与批准

建立银行存款的内部控制制度，首先就要确立授权与批准的制度，即银行存款收付业务的发生，需要经单位主管人员或财务主管人员审批，并授权具体的人员经办，审批一般以签字盖章方式表示。该过程保证了银行存款的收支业务要在授权下进行。

（2）职责区分，内部牵制

有关不相容职务由不同的人承担，体现钱账分管、内部牵制等原则。其具体程序包括：

①银行存款收付业务授权与经办、审查、记账要相分离。

②银行存款票据保管与银行存款记账职务要相分离。

③银行存款收付凭证填制与银行存款日记账的登记职务相分离。

④银行存款日记账和总账的登记职务相分离。

⑤银行存款各种票据的保管与签发职务相分离，其中包括银行单据保管与印章保管职务相分离。

⑥银行存款的登账和审核职务相分离。

（3）记录与审核

各单位对其银行存款收付业务通过编制记账凭证、登记账簿进行反映和记录之前，都必须经过审核，只有审核无误的凭证单据才可作为会计记录的依据。其具体程序包括：

①出纳人员要根据其审核无误的银行存款收付原始凭证办理结算。办理银行结算后的原始凭证和结算凭证，要加盖"收讫"或"付讫"戳记。

②会计人员要根据财务主管审核无误的原始凭证或原始凭证汇总表填制记账凭证。

③原始凭证、收付款凭证须经过财会部门主管或其授权人审签、稽核人稽核签字盖章才能据以登账。

（4）文件管理

为了保证已发生经济业务安全完整，对收、付款凭证可以采取混合连续编号，也可以采取分类连续编号；同时对票据由专人负责保管；票据和结算业务发生时，须经财会部门主管人员或企业主管人员并要求经办人签字。

（5）核对

出纳人员定期编制"银行存款余额调节表"，交由会计主管人员检查，同时定期进行账账核对，以保证银行存款安全。

7.1.4 如何编制银行存款余额调节表

1. 未达账项的内容

企业与银行对账单余额存在误差的原因是因为存在未达账项。它包括两种情况：

（1）企业已经入账，银行尚未入账的款项

企业存入银行的款项，企业已记作银行存款增加，而银行尚未办理入账手续。

企业开出转账支票或其他付款凭证，企业已记银行存款减少，而银行尚未支付入账的款项。

（2）银行已经入账，企业尚未入账的款项

银行代企业划收的款项已经收妥入账，银行已记作企业存款增加，而企业尚未接到收款通知，尚未记账的款项。

银行代企业划付的款项已经划出并记账，银行已记作企业存款减少，而企业尚未接到付款通知，尚未记账的款项。

2. 编制银行存款余额调节表

银行存款余额调节表，是企业为了核对本企业与银行双方的存款账面余额而编制的列有双方未达账项的一种报表。具体编制方法是：在银行与开户单位账面余额的基础上，加上各自的未收款减去各自的未付款，然后再计算出双方余额。通过余额调节表后的余额才是企业银行存款实存数。

3. 编制银行存款余额调节表需注意的地方

编制银行存款余额调节表应注意以下几点：

（1）调整的未达账项并不入账，编制银行存款余额调节表只是为了核对账目，检查账簿记录是否正确，所以调整的未达账项并不马上要入账。

（2）调节表中双方余额一定要相等，调节后如果双方余额相等，一般可以认为双方记账没有差错；调节后如果双方余额仍不相等，原因有两个，要么是未全部查出，要么是一方或双方账簿记录还有差错。无论何种原因，都要进一步查清楚，并加以更正，一定要到调节表中双方余额相等为止。

（3）调整后的余额是企业存款的真实数字，也是企业当日可以动用的银行存款的极大值。

（4）一个银行账户需要编制一份银行存款余额调节表，开户超过一个的企业，要防止串户。

案例分析 7-1：银行存款余额调节表

雷顿公司 2019 年 5 月 31 日银行存款日记账的账面余额为 520 000 元，银行转来的对账单上截至 5 月 31 日的余额为 510 400 元，经逐笔核对，发现有以下未达账项：

（1）5 月 28 日，公司委托银行代收款项 5 000 元，银行已经收妥入账，公司尚未接到银行的收款通知，尚未记账。

（2）5 月 29 日，公司送存支票 15 200 元，银行尚未计入公司存款账户。

（3）5 月 30 日，银行代公司支付水费 1 000 元，公司尚未接到银行的付款通知，尚未记账。

（4）5 月 31 日，公司开出支票 1 600 元，持票人尚未到银行办理转账，银行尚未登记入账。

要求：根据上述资料编制该公司银行存款余额调节表。

根据所提供资料编制该公司的"银行存款余额调节表"如表 7-1 所示：

表 7-1　雷顿公司银行存款余额调节表

项目	金额	项目	金额
企业存款日记账余额	520 000.00	银行对账单余额	510 400.00
加：银行已收，企业未收	5 000.00	加：企业已收，银行未收	15 200.00
减：银行已付，企业未付	1 000.00	减：银行已付，企业未付	1 600.00
经调整后的余额	524 000.00	经调整后的余额	524 000.00

7.2　银行账户的管理

7.2.1　银行账户的概念

银行账户，又称"银行存款账户"，或称"存款账户"，是指存款人在中国境内银行开立的人民币存款、支取、转账结算和贷款户头的总称。其中，存款人主要包括机关、团体、部队、企事业单位、个体经营者；银行包括银行和其他金融机构。按照资金的不同性质、用途和管理要求，存款账户可分为基本存款账户、一般存款账户、临时存款账户和专用存款账户四种，上述各类账户均有不同的设置和开户条件。

银行存款账户是各单位通过银行办理转账结算、信贷以及现金收付业务的工具，凡新办的企业或公司在取得工商行政管理部门颁发的法人营业执照后，可选择离办公场地近的银行申请开设自己的结算账户。对于非现金使用范围的开支，都要通过银行账户办理。

7.2.2　国家对企业银行账户的管理

按照《银行账户管理办法》的规定，银行账户的管理包括两个方面。

1. 人民银行对账户的管理

人民银行对账户的管理包括以下几个方面：

（1）负责协调、仲裁银行账户开立和使用方面的争议，监督、稽核开户银行的账户设置和开立，纠正和处罚违反账户管理办法的行为。

（2）核发开立基本存款账户的开户许可证。人民银行对存款人开立基本存款账户的，负责核发开户许可证，如果存款人需要变更基本存款账户的，亦必须经人民银行审批同意。存款人因开户银行严格执行制度、执行纪律转移基本存款账户，人民银行不对其核发开户许可证。

（3）受理开户银行对存款人开立和撤销账户的申报。各银行对存款人开立、撤销账户，必须及时向人民银行报告。根据规定，开户银行对基本存款账户的撤销，一般存款账户、临时存款账户、专用存款账户的开立或撤销，应于开立或撤销之日起 7 日内向人民银行当地分支机构申报。人民银行将运用计算机建立账户管理数据库，加强账户管理。

2. 开户银行对账户的管理

开户银行对账户的管理包括：

（1）依照规定对开立、撤销账户严格进行审查，对不符合开户条件的，坚决不予开户。

（2）正确办理开户和销户，建立、健全开销户登记制度。

（3）建立账户管理档案。

（4）定期与存款人对账。

（5）及时向人民银行申报存款人开立和撤销账户的情况。

7.2.3　什么是银行账户管理的基本原则

根据《银行账户管理办法》的规定，银行账户管理遵守以下基本原则：

（1）一个基本账户原则

即存款人只能在银行开立一个基本存款账户，不能多头开立基本存款账户。存款人在银行开立基本存款账户，实行由中国人民银行当地分支机构核发开户许可制度。

（2）自愿选择原则

即存款人可以自主选择银行开立账户，银行也可以自愿选择存款人开立账户。任何单位和个人不得强制干预存款人和银行开立或使用账户。

（3）存款保密原则

即银行必须依法为存款人保密，维护存款人资金的自主支配权。除国家法律规定和国务院授权中国人民银行总行的监督项目外，银行不代任何单位和个人查询、冻结、扣划存款人账户内存款。

（4）行不垫款原则

银行在办理结算时，只负责办理结算双方单位的资金转移，不为任何单位垫付资金。

7.2.4　如何使用银行账户

根据《银行账户管理办法》和《违反银行结算制度处罚规定》等法规，使用银行账户时要注意以下内容。

（1）存款人可以自主选择银行，银行也可以自愿选择存款人开立账户，任何单位和个人不得干预存款人在银行开立或使用账户。

（2）存款人在其账户内应有足够资金保证支付。

（3）银行应依法为存款人保密，维护存款人资金自主支配权，不代任何单位和个人查询、冻结、扣划存款人账户内存款。国家法律规定和国务院授权中国人民银行总行的监督项目除外。

（4）存款人在银行的账户必须有足够的资金保证支付，不准签发中期或远期支票，不允许套取银行信用。

（5）存款人申请改变账户名称的，应撤销原账户，可以开立新账户。

（6）存款人撤销账户，必须与开户银行核对账户余额，经开户银行审查同意后，办理销户手续。存款人销户时，应交回各种重要空白凭证和开户许可证。否则，所造成的后果应由存款人承担责任。

（7）银行在办理结算过程中，必须严格执行银行结算办法的规定，及时办理结算凭证；不准延误、积压结算凭证，不准挪用、截留客户和他行的结算资金；不准拒绝受理客户和他行的正常业务。

（8）下列存款人已在银行开立一个基本存款账户的，可以根据其资金性质和管理需要另开立一个基本存款账户：

①管理财政预算资金和预算外资金的财政部门。

②实行财政预算管理的行政机关、事业单位。

③县级（含）以上军队、武警单位。

④存款人撤销基本存款账户后，可以在另一家银行开立新账户。

⑤出通知起 30 日内来行办理销户手续，逾期视同自愿销户。

（9）存款人不得在多家银行机构开立基本存款账户。存款人不得在同一家银行的几个分支机构开立一般存款账户。

（10）存款人应认真贯彻执行国家的政策法令，遵守银行信贷结算和现金管理规定。银行检查时，开户单位应提供账户使用情况的有关资料。

（11）存款人不得因开户银行严格执行制度、执行纪律，转移基本存款账户。如果存款人转移基本存款账户，中国人民银行不得对其核发开户许可证。

（12）存款人的账户只能办理存款人本身的业务活动，不得出租和转让账户。

（13）正确、及时记载和银行的往来账务，并定期核对。发现不符，应及时与银行联系，查对清楚。

7.2.5 违反账户使用规定的处罚

根据《银行账户管理办法》的规定，开户单位违反了账户使用规定，将受到以下处罚：

1.若单位出租和转让账户

（1）责令其纠正。

（2）按规定对该行为发生的金额处以 5%，但不低于 1 000 元的罚款。

（3）没收出租账户的非法所得。

2.若单位违反了开立基本账户的规定

（1）被责令限期撤销该账户。

（2）处以 5 000 ～ 10 000 元的罚款。

7.2.6 什么是基本存款账户

基本存款账户，是指存款人办理日常转账结算和现金收付的账户。它是独立核算单位在银行开立的主要账户。存款人的工资、奖金等现金的支出，只能通过基本存款账户办理。按照规定，每个存款人只能在银行开立一个基本存款账户。

1.哪些存款人可以开设基本存款账户

根据《银行账户管理办法》的规定，下列存款人可以申请开立基本存款账户：

（1）企业法人。

（2）企业法人内部单独核算的单位。

（3）管理财政预算资金和预算外资金的财政部门。

（4）实行财政管理的行政机关、事业单位。

（5）县级（含）以上军队、武警单位。

（6）外国驻华机构。

（7）社会团体。

（8）单位附设的食堂、招待所、幼儿园。

（9）外地常设机构。

（10）私营企业、个体经济户、承包户和个人。

2. 申请基本存款账户需提供哪些文件

存款人申请开立基本存款账户，应向开户银行出具下列证明文件之一：

（1）当地工商行政管理机关核发的《企业法人营业执照》或《营业执照》。

（2）中央或地方编制委员会、人事、民政等部门的批文。

（3）军队军以上、武警总队财务部门的开户证明。

（4）单位对附设机构同意开户的证明。

（5）驻地有权部门对外地常设机构的批文。

（6）承包双方签订的承包协议。

（7）个人居民身份证和户口簿。

3. 如何开设基本存款账户

开设基本存款账户的程序一般是：

（1）填制开户申请表。

（2）提供开户证明，并送交盖有存款人印章的"印鉴卡"。

（3）开户银行审核。

（4）开户银行同意后，将申请材料送交中国人民银行当地分支机构审核。

（5）审核无误后，填制开户许可证。

（6）退回开户证明。

开户申请书一式三联，第一联由中国人民银行当地分支机构留存；第二联由开户银行留存；第三联由存款人保管，待销户时做重新开户的证明。印鉴卡片一式两张，一张留存开户银行；另一张开户单位留存。开户许可证一式两本（正、副本），正本由开户单位留存；副本由开户银行存查。

需要特别说明的是，印鉴卡片上填写的户名必须与单位名称一致，同时要加盖开户单位公章、单位负责人或财务机构负责人、出纳人员三枚图章。

它是单位与银行事先约定的一种具有法律效力的付款依据，银行在为单位办理结算业务时，凭开户单位在印鉴卡片上预留的印鉴审核支付凭证的真伪。如果支付凭证上加盖的印章与预留的印鉴不符，银行就可以拒绝办理付款业务，以保障开户单位款项的安全。

7.2.7　什么是一般存款账户

一般存款账户，是指存款人在基本账户以外的银行借款、转存、与基本存款账户的存款人不在同一地点的附属非独立核算单位开立的账户。存款人可以通过账户办理转账、结算和存入现金，但不能支取现金。

1. 哪些存款人可以开设一般存款账户

根据《银行账户管理办法》的规定，下列情况的存款人可以申请开立一般存款账户，并须提供相应的证明文件：

①在基本存款账户以外的银行取得借款的单位和个人可以申请开立该账户，并须向开户银行出具借款合同或借款借据。

②与基本存款账户的存款人不在同一地点的附属非独立核算单位可以申请开立该账户，并须向开户银行出具基本存款账户的存款人同意其附属的非独立核算单位开户的证明。

2. 如何开设一般存款账户

存款人在申请开立一般存款账户、临时存款账户和专用存款账户时，应该按照以下程序进行：

（1）填制开户申请书。

（2）提供基本存款账户开户许可证，并送交盖有存款人印章的"印鉴卡片"。

（3）经开户银行审核同意后开立账户。

7.2.8　什么是临时存款账户

临时存款账户，是存款人因临时经营活动需要开立的账户，存款人可以通过临时存款账户办理转账结算和根据国家现金管理的规定办理现金收付。

1. 哪些存款人可以开设临时存款账户

根据《银行账户管理办法》的规定，下列存款人可以申请开立临时存款账户，并须提供相应的证明文件：

①外地临时机构可以申请开立该账户，并须出具当地工商行政管理机关核发的临时执照。

②临时经营活动需要的单位和个人可以申请开立该账户，并须出具当地有权部门同意设立外来临时机构的批件。

2.如何开立临时存款账户开立

存款人申请开立临时存款账户，应填制开户申请书，提供相应的证明文件，送交盖有存款人印章的印鉴卡片，经银行审核同意后，即可开设此账户。

7.2.9　什么是专用存款账户

专用存款账户，就是指存款人因特定用途需要而开立的账户。

1.专用存款账户设置的条件

根据《银行账户管理办法》的规定，存款人对特定用途的资金，由存款人向开户银行出具相应证明即可开立该账户。特定用途的资金范围包括：基本建设的资金；更新改造的资金；其他特定用途，需要专户管理的资金。

2.开设专用存款账户需要提供的文件

根据《银行账户管理办法》的规定，存款人申请开立专用存款账户，应向开户银行出具下列证明文件之一：

（1）经有权部门批准立项的文件。

（2）国家有关文件的规定。

3.专用存款账户开立的程序

存款人申请开立专用存款账户，应填制开户申请书，提供相应的证明文件，送交盖有存款人印章的印鉴卡片，经银行审核同意后开立账户。

7.2.10　如何变更账户

1.变更账户名称

单位因某些原因需要变更账户名称，应向银行交验上级主管部门批准的正式函件，企业单位和个体工商户需交验工商行政管理部门登记注册的新执照，经银行审查核实后，变更账户名称，或者撤销原账户，重立新账户。

2. 更换单位财务专用章

开户单位由于人事变动或其他原因需要变更单位财务专用章、财务主管印鉴或出纳员印鉴的，应填写"更换印鉴申请书"，并出具有关证明，经银行审查同意后，重新填写印鉴卡片，并注销原预留的印鉴卡片。

7.2.11 如何迁移账户

单位发生办公或经营地点搬迁时应到银行办理迁移账户手续。如果迁入迁出在同一城市，可以凭迁出行出具凭证到迁入行开立新户，搬迁异地应按规定向迁入银行重新办理开户手续。在搬迁过程中，如需要可要求原开户银行暂时保留原账户，但在搬迁结束已在当地恢复经营活动时，则应在一个月内到原开户银行结清原账户。

另外，按照规定，连续在一年以上没有发生收付活动的账户，开户银行经过调查认为该账户无须继续保留即可通知开户单位来银行办理销户手续，开户单位接通知后一个月内必须办理，逾期不办理可视为自动销户，存款有余额的将作为银行收益。

7.2.12 账户的合并与撤销

1. 单位申请销户

各单位因机构调整、合并、撤销、停业等原因，需要撤销、合并账户的，应向银行提出申请，经银行同意后，首先要同开户银行核对存贷款户的余额并结算全部利息，全部核对无误后开出支取凭证结清余额，同时将未用完的各种重要空白凭证交给银行注销，然后才可办理撤销、合并手续。由于撤销账户单位未交回空白凭证而产生的一切问题应由撤销单位自己承担责任。

2. 银行销户

各单位在银行的账户连续一年没有发生收、付款活动，银行以为无继续存在的必要时，即通知单位在 1 个月内，向银行办理销户手续，逾期未办，视同自愿销户，余数未取者，银行在年终时作为收益处理。

7.2.13　怎样办理印章挂失

各单位预留银行印鉴的印章遗失时，应当出具公函，填写"更换印鉴申请书"，由开户银行办理更换印鉴手续。遗失个人名章的由开户单位备函证明，遗失单位公章的由上级主管单位备函证明。经银行同意后按规定办法更换印鉴，并在新印鉴卡上注明情况。

7.2.14　怎样更换预留印鉴

各单位因印章使用日久发生磨损，或者改变单位名称、人员调动等原因需要更换印鉴时，应填写"更换印鉴申请书"，由开户银行发给新印鉴卡。单位应将原印鉴盖在新印鉴卡的反面，将新印鉴盖在新印鉴卡的正面，并注明启用日期交开户银行。在更换印鉴前签发的支票仍然有效。

7.3　如何管理银行借款业务

银行借款，就是企业根据其生产经营业务的需要，为弥补自有资金不足，而向银行借入的款项，是企业从事生产经营活动资金的重要来源。

7.3.1　申办贷款

1. 申办贷款应具备的条件

根据国家有关规定，向银行申请办理贷款的单位必须具备下列条件：

（1）借款单位必须是经主管部门或县以上工商行政管理机关批准设立、注册登记的，并持有"营业执照"的单位。

（2）企业必须在银行开立账户，有经济收入和还款能力。

（3）固定资产借款项目。借款单位的项目建议书，可行性研究报告和初步设计已批准，并已列入国家固定资产投资计划。

（4）借款企业必须是实行独立的经济核算，单独计算盈亏，单独编制会计报表，有对外签订交易合同的权力的企业。

（5）借款单位必须要有正常生产经营所需一定数量的自有资金，并保证完整无缺。

（6）必须提供银行认可的借款担保人或抵押品做担保，并按时向银行报送有关财务、统计报表，接受银行的贷款监督和检查。

2. 银行贷款方法

银行贷款一般有以下四种方法：

（1）逐笔申请，逐笔核贷，逐笔核定期限，到期收回，周转使用

这是指企业每需要一笔贷款，都要向银行提出申请，银行对每笔贷款加以审查，如果同意发贷，对每笔贷款都要核定期限，贷款期满则要按期收回。收回的贷款仍是银行可用于发放贷款的指标，可继续周转使用。这种方法适用于工业部门的生产周转贷款。

（2）逐笔申请，逐笔核贷，逐笔核定期限，到期收回

贷款指标一次使用，不能周转。这种方法与上述方法相比，不同之处在于到期收回的贷款不能周转使用。这种方法适用于专项用途的贷款，如基本建设贷款、技术改造贷款等。

（3）一次申请，集中审核，定期调整

企业一年或一个季度办理一次申请贷款的手续，银行一次集中审核。平时企业需要这方面贷款时，由银行根据可贷款额度定期主动进行调整，贷款不受指标限制，企业不必逐项进行申请。这种贷款方法适合于结算贷款。

（4）每年或每季度一次申请贷款，由银行集中审核

根据实际情况，下达一定时期内的贷款指标，企业进货时自动增加贷款，销售时直接减少贷款。贷款不定期限，在指标范围内，贷款可以周转使用，需要突破贷款指标时，则要另行申请，调整贷款指标。这种方法适用于商品流转贷款和物资供销贷款。

7.3.2 企业借款程序

企业向银行借款时应遵循以下程序：

1. 借款申请

实际工作中，借款方提出借款申请，一般采用填写"借款申请书"的方

式提出，并提供以下有关资料：

（1）借款人上一年度经工商行政管理部门办理年检手续证明的文件复印件。

（2）借款人上一年度和最近一期的财会报告及生产经营、物资材料供应、产品销售和出口创汇计划及有关统计资料。

（3）借款人的"贷款证"，借款人在银行开立基本账户、其他账户情况，原有借款的还本付息情况。

（4）借款人财务负责人的资格证书和聘用书复印件。

（5）购销合同复印件或反映企业资金需求的有关凭证、资料、项目建设书或项目可行性研究报告和国家有关部门的批准文件原件。

（6）非负债的自筹资金落实情况的证明文件。

（7）贷款行需要的其他资料。

2．贷款方审查

银行必须对借款方的申请进行审查，以确定是否给予贷款。审查内容包括两个方面：

（1）形式审查

检查"借款申请书"等有关内容的填写是否符合要求，有关的批准文件、计划是否具备等。

（2）实体审查

检查"借款申请书"有关内容是否真实、正确、合法。对于符合贷款条件的项目，可在"借款申请书"的审查意见栏内注明"同意贷款"字样。

3．签订借款合同

借款单位的借款申请，经银行审查同意后，借贷双方即可签订"借款合同"。在借款合同中，应明确规定贷款的种类、金额、用途、期限、利率、还款方式、结算办法和违约责任等条款，以及当事人双方商定的其他事项。

7.3.3　贷款证制度

为了加强对企业贷款的监督和保障信贷资金的安全，中国人民银行正式颁布了《贷款管理办法》，决定在我国商业银行的贷款业务经营中实行贷款证的制度。贷款证，就是指企业向国内商业银行申请贷款的凭证。该凭证由当地中国人民银行统一印制、颁发给注册地法人企业，作为商业银行审查贷款的重要依据之一。

1. 贷款证有哪些内容

（1）发证记录和年审记录

此部分由发证机关填写，发证记录一栏用来填写贷款证启用时间和有效期限；年审记录一栏用来填写年审结论。

（2）企业概况

此部分由企业在申领贷款证时填写，内容主要包括企业名称、法定代表人、注册资本、经济类型、行业类别等。

（3）银行存款开户记录，分人民币和外币账户

此部分由企业填写，内容包括开户银行名称和账号，不得漏填；企业在银行开立新的结算户后，要及时填写；填写时要注明基本结算户和主要贷款金融机构。

（4）贷款金额情况统计表

此部分由企业在申领贷款和年审时，填写其在各金融机构的贷款金额。

（5）贷款发生情况登记表

该表分人民币贷款和外币贷款两类，反映企业借还款情况。此部分由金融机构信贷部门填写。

（6）异地贷款情况登记表

该表反映企业在注册外的城市办理借款业务的情况。此部分由提供贷款的金融机构信贷部门填写。

（7）企业提供经济保证情况登记表

该表反映企业提供经济保证的情况。此部分由提供贷款的金融机构信贷部门填写。

（8）企业资信等级记录

在实行贷款证管理制度的城市，经发证机关认可的资信评估机构对企业评定的资信等级，可在此部分登记。

（9）备注

此部分用于发证机关和金融机构信贷部门记录有关事宜。

2．贷款证的发放对象是什么

在实行贷款证管理制度城市内的企业，拟申请借款或已与金融机构有借款还款关系者，必须申领贷款证。企业只能向注册地发证机关申领贷款证。一个企业只能申领一本贷款证。贷款证可在实行贷款证管理制度的城市内通用。

3．申办贷款证需要哪些条件

企业申请贷款证时，须向发证机关提交下列文件：

（1）"企业法人营业执照"正本复印件，并出示副本原件。

（2）企业注册资本的验资报告复印件，或有关注册资本来源的证明材料。

（3）企业法定代表人身份证复印件及履历证明材料。

（4）企业启用或刻印行政公章的证明文件。

（5）"中华人民共和国企业代码证书"复印件。

（6）发证机关要求的其他材料。

在以上文件齐备并经审验无误后，发证机关应在 1 个月内为企业颁发贷款证。贷款证经发证机关加盖公章后开始生效。

4．如何办理贷款证

（1）领证

申办人持本人身份证、"企业法人营业执照"正本和企业代码证书原件，到中国人民银行所在地区分行领取空白贷款证及贷款证申请表等四份表格。

（2）填写申领表格

企业要真实、完整地填写申领表格。

（3）认真填写贷款证中的相关内容

申领贷款证企业自行填写的内容主要有："贷款企业概括""人民币存款户开户记录""外币存款户开户记录""贷款余额情况统计表"。由企业报送金融机构信贷部门填写的内容包括："人民币贷款发生情况登记表""外币贷款发生情况登记表""异地贷款发生情况登记表""企业经济保证情况登记表"。

（4）办证送审资料及证明文件

贷款企业将填妥表格和贷款证送交中国人民银行所在地分行，并提交证明文件、企业上年度财务决算报表，以及申领贷款证前 1 个月的财务报表。如是非法人企业还须提交主管企业法人授权委托人的复印件；与金融机构新建立信贷关系的企业或贷款总额在 500 万元以上的企业须出示资信等级证明；需要与金融机构新建立信贷关系的企业申办贷款证时，还须提供所在开户金融机构同意建立信贷关系的证明。

中国人民银行所在地分行收到企业申办贷款证的上述资料和文件，经审验齐备无误的，应在不超过 1 个月时间内，将加盖公章的贷款证发给申办企业。

5.如何使用贷款证

在贷款证的使用中，企业应遵守并注意以下规定。

（1）企业领取贷款证后，方有资格办理借款还款手续。

（2）企业归还贷款时，应持金融机构会计部门填制的贷款偿付凭证和贷款证，到金融机构信贷部门及时作还款记录。信贷人员须在贷款证上逐笔登记，并签字盖章。

（3）企业申请借款时，金融机构信贷部门必须查验借款企业的贷款证；决定向其贷款后，信贷人员须在贷款证上逐笔登记，并签字盖章。

（4）企业申请贷款经信贷部门批准后，信贷人员须在贷款证上逐笔记录，并签字盖章。

（5）资信评估机构对企业评级，并在企业资信等级记录栏中记录后，应加盖公章。

（6）贷款证不得出借、出租、转让、涂改和伪造。

（7）金融机构信贷部门查验企业贷款证的时间不得超过 15 天。

（8）信贷部门办理保证贷款时，必须同时查验保证企业的贷款证。决定办理保证贷款后，信贷人员须同时在被保证企业和保证企业贷款证上逐笔登记，并签字盖章。

（9）企业归还保证贷款时，借款企业应及时通知保证企业持贷款证到信贷部门作核销登记，由信贷人员签字盖章。

（10）企业在注册地以外城市金融机构办理借款还款手续，要持其所在城市发证机关颁发的贷款证按上述相同程序在异地贷款栏中登记。

在贷款证使用过程中，若企业违反了贷款证使用的有关规定，发证机关应视情节轻重给予批评教育，暂停办理贷款证，通知各金融机构暂停贷款直至吊销贷款证等处罚。

6. 如何变更贷款证

持证企业向发证机关申请办理贷款证变更手续的情况大致有以下几种：

（1）企业名称变更。

（2）企业法定代表人更换。

（3）企业注册资本变更。

（4）企业法定住址迁移。

（5）贷款证登录满页或严重破损。

7. 如何对贷款证年审

贷款证实行集中年审，年审内容主要包括企业生产经营概况、财务状况和银行开户情况等。年审期间贷款证仍然有效。年审手续一般如下：

（1）发证机关每年 3 ～ 6 月对贷款证进行年审。

（2）企业凭法人营业执照正本原件及贷款证领取空白年审报告。

（3）企业把填好的年审报告书交回发证机关审核，并提交"企业法人营业执照"正本复印件、贷款证，以及企业上一年度的资产负债表、损益表和年审时企业最新的财务月报表。

7.3.4　如何核算银行存款

银行存款的核算主要包括序时核算和总分类核算两个部分。在实际操作中，出纳人员主要从事序时核算。

1. 序时核算

银行存款的序时核算，就是指利用银行存款日记账，按照经济业务发生完成的时间顺序，对银行存款收、支、余的情况逐日、逐笔地反映出来。

银行存款日记账是逐日、逐项记录一个单位银行存款收、支及结存情况的账簿。银行存款日记账由出纳人员根据银行存款收、付款凭证和原始凭证进行登记，并在每日终了时结算出银行存款收支发生额和结存额。月末还要计算出本月收入付出的合计数和月末结余数，并与"银行存款"总分类账进行核对。银行存款日记账的建立和使用，为随时掌握银行存款收、支动态和结余情况，合理调度资金，组织收、支平衡提供信息资料。

只要有结算业务的单位，不管其规模大小，都要设置银行存款日记账。

不同单位，由于其经济性质、规模大小、经营管理的要求各不相同，因而相应需要设置的日记账种类、格式也就不同。在具体设置日记账时，应从本单位实际情况出发，遵循节约原则，避免复杂与浪费。有外币存款的企业，应分别按人民币和各种外币设置"银行存款日记账"进行明细核算。企业发生外币业务时，应将有关外币金额折合为人民币记账。除另有规定外，所有与外币业务有关的账户，应采用业务发生时的汇率，也可以采用业务发生当期期初的汇率折合。

期末，各种外币账户的期末余额，应按期末汇率折合为人民币。按照期末汇率折合的人民币金额与原账面人民币金额之间的差额，作为汇兑损益。汇兑损益一般应该计入当期财务费用，但下面两种情况除外：

（1）筹建期间发生的汇兑损益，计入长期待摊费用。

（2）与购建固定资产有关的外币专门借款产生的汇兑损益，按借款费用的处理原则处理。

2. 总分类核算

（1）如何设置会计科目

其会计科目为"银行存款"。它属于资产类会计科目，用以核算企事业单位存入银行各种存款的增减变动和结存情况。该科目借方反映企事业单位银行存款的增加数，贷方反映减少数；余额一般在借方，表示企事业单位银行存款的实际结存数。各单位存入其他金融机构的存款，也应在本科目内核算。但是单位的外埠存款、银行本票存款、银行汇票存款等均不在本科目核算，而应计入"其他货币资金"科目。

（2）如何处理银行存款核算的账务

企事业单位存入款项时，应填写"送款单"，将现金或结算款项存入银行。企事业单位根据银行收款退回的"送款单"作为存款凭证，记入"银行存款"的借方；或由单位委托银行按照结算办法及有关规定，将单位收入的款项主动存入银行，单位凭银行收款退回通知单作为存款凭证。企事业单位从银行提取现金，应开具现金支票作为银行存款支出的凭证，记入"银行存款"的贷方。

第 8 章 出纳工作内容之
——银行票据结算

本章导读

票据结算是现金结算方式的有效补充，不能直接动用现金，适合单位之间的大宗交易，更安全、便捷。在市场中，票据可以作为有价证券进行流通，变现能力相对较强。所以票据结算方式在我国当前的贸易市场中扮演着越来越重要的角色。

目前用于结算的银行票据有很多种，而不同的票据又有不同的特点和使用范畴。企业中，转账结算的业务通常由出纳人员经办，所以对于出纳人员而言，掌握银行票据结算的相关知识，熟悉银行结算办法和相关规定尤为重要。

本章重点介绍银行结算的定义、票据结算的基本制度；票据抗辩、票据代理及票据行为的涵义；支票结算的纪律、支票结算的要求、结算凭证的相关规定、票据管理实施办法；不同种类票据结算方式的相关知识。

8.1 票据结算基础知识

8.1.1 银行票据结算的概念

根据国家对货币管理的规定，一切企业、机关、部队和事业单位，都必须在银行开设账户，将资金存入银行。各单位之间的经济往来，除了根据现金管理规定可以使用现金以外，都必须通过银行办理转账结算。

由于以上的转账结算方式一般都需要通过银行，且都需要作为结算凭证的各种票据，因此又称为银行票据结算，或简称为银行结算或票据结算。

各单位的银行结算业务一般由出纳人员经办，因此作为出纳人员，必须熟练掌握现行银行结算办法，掌握相关规定。国内现行转账结算办法主要有：支票结算、银行本票结算、银行汇票结算、银行汇兑结算、商业汇票结算、委托收款结算、托收承付、信用卡结算和信用证结算。

8.1.2 什么是票据

票据是由出票人无条件地承诺由自己或者委托他人支付一定金额的有价证券。把握这一概念，需要从三个方面进行理解：

第一，票据是一种有价证券，具有一定的票面金额，而且表示对财产的所有权或债权，谁拥有了票据，谁就有权凭票据取得票据上规定的金额，正如谁拥有公司的股票，谁就拥有了公司财产的相应部分。票据权利的产生、转移和行使等均以它本身的存在为前提，也就是说，票据持有人只有得到了票据才得到了收取款项的权利，如果他将票据转让给他人，那么他收取款项的权利也随之转让，他要取得款项必须交出票据。

第二，票据是出票人作出的到期向持票人支付一定金额的承诺。出票人开出票据，它就必须承担到期支付票据上规定的金额的义务，只有它支付了金额才能解除其承担的义务。

第三，票据出票人作出的付款承诺是无条件的，即出票人履行付款的义务不能有赖于某一事件的发生或者某些情况的出现或者某一行为的作出作为先决条件。也就是说，出票人一旦开出票据，那么不管是否发生或不发生某些事情或某些行为，它都必须到期支付规定的款项。

8.1.3　票据是怎样分类的，我国票据法规定的票据有哪几种

按照我国票据法的规定，票据包括汇票、本票和支票。票据可以从不同的角度进行不同的分类。

票据按照付款时间分类，可以分为即期票据和远期票据。即期票据是指付款人见票后必须立即付款给持票人，如支票及见票即付的汇票、本票。远期票据是付款人见票后在一定期限或特定日期付款的票据。

票据按受款人记载方式不同可以分为记名票据和不记名票据。记名票据是指在票据上注明受款人姓名可由受款人以背书方式转让，付款人只能向受款人或其指定的人付款的票据。不记名票据是指票面上不记载受款人姓名，可不经背书而直接以交付票据为转让，付款人可以对任何持票人付款的票据。

8.1.4　什么是票据关系，票据关系当事人有哪些

所谓票据关系是指由于票据行为而产生的有关各方之间的权利义务关系。在这种权利义务关系中，具有如下三个基本的当事人：

（1）发票人

发票人是指在票据上签名并发出票据的人，或者说是签发票据的人。

（2）付款人

付款人是受发票人委托付款的人，有的情况下，发票人也是付款人，如本票。

（3）受款人

受款人是指从发票人那里接受票据并有权向付款人请求付款的人。

除了三个基本当事人以外，票据还有如下一些非基本当事人。非基本当事人的情况较为复杂，不同的票据行为产生不同的票据非基本当事人，如由于背书行为而产生的背书人和被背书人，由于保证行为产生保证人和被保证人，由于参加行为产生参加人和被参加人等。

从地位上看，票据关系当事人可分为票据权利人（债权人）和票据义务人（债务人）。票据权利人是指持有票据，可依法向票据义务人主张票据权利即要求对方付款的人，又称持票人。票据债务人是指因为作了某种票据行为而依法应当负责或履行票据义务，即按规定向权利人付款的人。票据债务人有主债务人（又称第一债务人）和从债务人（又称第二债务人）之分。主债务人是指发票时的债务人，如汇票的发票人（承兑后为承兑人）、本票和支票的发票人。从债务人指非基本当事人中的债务人，如背书后的背书人等。主债务人和从债务人在履行票据义务（主要是向权利人付款）的次序是不同的。权利人首先应向主债务人请求付款，只有当主债务人拒绝承兑或付款时才向从债务人追索款项。

从票据流通中的相应位置来划分，票据当事人又可以分为前手和后手。背书在前的为前手，背书在后的为后手。比如，甲将汇票背书转让给乙，乙再将其转让给丙，那么就甲和乙来说，甲为前手，乙为后手；就乙和丙来说，乙为前手，丙为后手。

8.1.5 什么是票据行为

票据行为有广义和狭义两种。广义的票据行为是指以发生、变更或消灭票据的权利义务关系为目的的法律行为，包括出票、背书、涂改、禁止背书、付款、保证、承兑、参加承兑、划线、保付等。狭义的票据行为是票据当事人以负担票据债务为目的的法律行为，包括出票、背书、承兑、参加承兑、保证、保付六种。

（1）出票

出票是指出票人依照法定款式作成票据并交付于受款人的行为。它包括"作成"和"交付"两种行为。所谓"作成"就是出票人按照法定款式制作票据，在票据上记载法定内容并签名。由于现在各种票据都由一定机关印制，因而所谓"作成"只是填写有关内容和签名而已。所谓"交付"是指根据出票人本人的意愿将其交给受款人的行为，不是出于出票人本人意愿的行为如偷窃票据不能称作"交付"，因而也不能称作出票行为。

（2）背书

背书是指持票人转让票据权利给予他人。票据的特点在于其流通。票据转让的主要方法是背书，当然除此之外还有单纯交付。背书转让是持票人的票据行为，只有持票人才能进行票据的背书。背书是转让票据权利的行为，票据一经背书转让，票据上的权利也随之转让给被背书人。

（3）承兑

承兑是指汇票的付款人承诺负担票据债务的行为。承兑为汇票所独有。汇票的发票人和付款人之间是一种委托关系，发票人签发汇票，并不等于付款人就一定付款，持票人为确定汇票到期时能得到付款，在汇票到期前向付款人进行承兑提示。如果付款人签字承兑，那么他就对汇票的到期付款承担责任，否则持票人有权对其提起诉讼。

（4）参加承兑

参加承兑是指票据的预备付款人，或第三人为了特定票据债务人的利益，代替承兑人进行承兑，以阻止持票人于汇票到期日前行使追索权的一种票据行为。它一般是在汇票得不到承兑，付款人或承兑人死亡、逃亡或其他原因无法承兑，付款人或承兑人被宣告破产的情况下发生。

（5）保证

保证是指除票据债务人以外的人为担保票据债务的履行、以负担同一内容的票据债务为目的的一种附属票据行为。票据保证的目的是担保其他票据债务的履行，适用于汇票和本票，不适用于支票。

（6）保付

保付是指支票的付款人向持票人承诺负绝对付款责任的一种附属票据行为。保付是支票付款人的一种票据行为。支票一旦经付款人保付，在支票上注明"照付"或"保付"字样，并经签名后，付款人便负绝对付款责任，不论发票人在付款人处是否有资金，也不论持票人在法定提示期间是否有提示，或者即使发票人撤回付款委托，付款人均须按规定付款。

在具体操作时，票据行为表现为票据当事人把行为的意思按照法定的方式记载在票据上，并由行为人签章后将票据交付。它包括三方面内容，即记载、签章和交付。

所谓记载，通俗地讲就是票据当事人在票据上写明所要记载的内容，如签发票据时应写明票据的种类、金额、无条件支付命令、签发票据日期以及其他需要明确的内容，承兑汇票时写上"承兑"字样，保证时应写上"保证"或"担保"字样。

所谓签章，即是指签名、盖章或签名加盖章，它表明行为人对其行为承担责任。自然人签章是指在票据上亲自书写其姓名或加盖其私章。法人和其他使用票据单位的签章为该法人或者该单位的盖章加其法定代表人或其授权的代理人的签章。按照《票据法》规定，在票据上的签名应当为该当事人的本名，而不能用笔名、艺名等来代替。

所谓交付，是指票据行为人应将票据交付给执票人。票据行为人在票据上进行记载，并进行签章后，票据还不能发生法律效力，只有票据被交付给了对方，票据才能发生法律效力。

8.1.6　什么是票据能力

票据能力是指当事人的票据权力能力和票据行为能力的总称。票据权利能力是指可以成为票据当事人、享有票据权利和负担票据义务的资格。票据行为能力是指当事人以独立的意思，进行有效的票据行为的资格。作为公民，其票据权利能力与其民事权利能力相一致，即从其出生时开始到死亡时终止，始终享有票据权利能力；其票据行为能力是与其民事行为能力相联系的，只有具有民事行为能力的人才有票据行为能力。正因为如此，票据法规定，"无民事行为能力人或者限制民事行为能力人在票据上签章的，其签章无效"。法人的票据权利能力是和其民事权利能力相一致的，从其成立时产生到其解散时消灭；法人的票据行为能力是指法人以自己的意思进行票据活动，取得票据权利和承担票据义务的资格，它是和法人的民事行为能力相一致的。

8.1.7　什么是票据权利

票据权利是指持票人向票据债务人请求支付票据金额的权利，它包括付款请求权和追索权。付款请求权又称第一次请求权，是指持票人对票据主债务人（如汇票的承兑人、本票的发票人、支票的保付人等）行使请求其支付票据金额的权利。追索权是指因持票人在第一次请求权没有或者无法实现的情况下，对票据的其他付款义务人（如汇票、支票的发票人，汇票、本票的保证人，票据的背书人等）行使请求偿还票款的权利。也就是说，作为持票人，它首先有权要求票据的主债务人向其偿付票款，如果主债务人没有或无法（如账上无款支付或者破产等）偿付票款时，持票人有权要求其他付款义务人向其偿付票款。

8.1.8　什么是票据权利行使和保全

票据权利的行使是指票据权利人向票据债务人提示票据，请求其履行票据债务的行为。所谓提示票据就是向债务人出示票据供其观看，请求其付款。持票人如未在票据法规定的时期内提示票据则发生其丧失追索权的效力。按期提示票据既是付款请求权的行使，也是追索权的保全行为。

票据权利的保全是指票据权利人为防止票据权利丧失而作出的努力，如向法院提起诉讼中断时效、作成拒绝证书等。所谓中断时效是指在票据有效期间内，持票人向法院提起诉讼，要求以前经过的票据生效时间无效，从中断时起，重新计算时效期间。比如，某汇票从 2 月 1 日生效，有效期为 1 个月。2 月 26 日持票人因某种理由向法院提起诉讼，要求中断时效，即以前的 25 天无效，从 26 日起重新计算时效。所谓拒绝证书是证明待票人已有法定或约定期间内为行使和保全票据权利的必要行为，但行为的后果被拒绝的证明书。拒绝证书一般由持票人向公证处、法院或银行申请，由其调查后作出。持票人票据权利的行使和保全，应当在规定的场所和时间进行，依据《票据法》规定，"持票人对票据债务人行使票据权利，或者保全票据权利，应当在票据当事人的营业场所和营业时间内进行，票据当事人无营业场所的，应当在其住所进行。"

8.1.9　什么是票据代理

所谓票据代理是指代理人根据被代理人的授权，以被代理人的名义实施的票据行为。票据代理具有以下两个特点：

（1）票据代理是一种具有法律意义的行为。代理人代理被代理人实施某项票据行为后，被代理人就必须承担该票据行为带来的法律后果。

（2）代理人必须在代理权限范围内从事代理活动，超出代理权限范围的，代理人的代理行为无效。

在具体实施票据代理时，必须了解如下几点：

第一，要求代理人必须具有代理权。

第二，代理人应当在票据上注明被代理人的姓名（法人或其他单位指其名称），否则被代理人不负票据上的责任。

第三，必须在票据上表明代理的意思。代理人应当在票据上表明自己是代理人，否则他就成为票据关系的当事人，必须承担相应的票据责任。

第四，代理人应在票据上签章。对于票据代理，《票据法》规定，票据当事人可以委托其代理人在票据上签章，并应当在票据上表明其代理关系。

没有代理权而以代理人名义在票据上签章的，应当由签章人承担票据责任；代理人超越代理权限的，应当就其超越权限的部分承担票据责任。

8.1.10　什么是票据的抗辩

票据抗辩是指票据债务人根据票据法的规定对于票据债权人提出某种合法的事由而拒绝履行其义务的行为。通俗地讲就是债务人以合法的理由拒绝支付票款。票据的抗辩分为对物抗辩和对人抗辩两种。

所谓对物抗辩，是指基于票据本身的内容有瑕疵而进行的抗辩。比如，债务人认为票据本身欠缺某些基本内容，如汇票上未记明金额、发票人没有签名、记有附带条件的支付委托等，认为该票据应该无效或消灭，从而拒绝进行付款，这种抗辩就属于对物的抗辩。属于对物的抗辩包括：①票据欠缺应记载的内容；②票据到期日未到；③票据已经依法付款；④票据经判决为无效；⑤票款已依法提存；⑥欠缺票据行为能力；⑦票据系伪造及变造；⑧票据因时效而消灭；⑨与票据记载不符的抗辩等。对于前五项，任何票据债务人都有权拒绝支付票款。对于后四项，只限于特定债务人可以对所有债权人进行抗辩。比如，对于伪造票据，由于被伪造者并未在票据上签字，因而被伪造者可以对任何债权人进行抗辩。

所谓对人抗辩是指特定的债务人对特定的债权人的抗辩。这种抗辩是基于当事人之间的特定关系而产生的，一旦持票人发生变更，就不得再进行抗辩，属于对人的抗辩包括：①票据原因关系不合法，比如为支付赌债而签发的支票；②原因关系不存在或消灭，比如为购货而签发票据但对方没有发货；③欠缺对价，比如持票人未按约提供与票款相当的商品或劳务等；④票据债务已经清偿、抵销或免除而未载于票据上，可对直接当事人抗辩；⑤票据交付前被盗或遗失，可对盗窃人或拾得人抗辩；等等。

票据的抗辩是为了防止不法行为，以保护债务人的合理权益。但对票据的抗辩如不如限制，有关票据债务人随意地抗辩就会影响票据的流通性。对此《票据法》对抗辩作出限制："票据债务人不得以自己与出票人或者持票人的前手之间的抗辩事由，对抗持票人。但是，持票人明知存在抗辩事由而取得票据的除外。票据债务人可以对不履行约定义务的与自己有直接债权债务关系的持票人进行抗辩。"

8.1.11　什么是票据的伪造与变造

票据的伪造是指假冒他人名义所作的票据行为，包括票据本身的票据伪造和在票据上签名的票据伪造。票据本身的票据伪造是指假冒他人的名义作为发票人签发票据。票据上签名的票据伪造是指假冒他人名义而作发票以外的其他票据行为，如甲假冒乙的名字在票据上签署乙的姓名作为背书人作背书行为或者作为承兑人作承兑行为。

票据的变造是指没有合法权限的人在已有效成立的票据上变更票据上签名以外的记载内容的行为。比如，甲签发本票给乙，金额为 10 000 元，乙将背书方式转让给丙，丙将金额改成 100 000 元后转让给丁。

8.1.12　什么是票据的丧失

票据的丧失是指票据持有人丧失对票据的占有，包括绝对丧失和相对丧失两种。绝对丧失是指票据的灭失，如票据被查禁、被毁损等；相对丧失是指持票人非因自己的意志而丧失票据，如票据被盗窃、被遗失等。票据权利是以占有票据为前提的，一旦票据丧失，特别是相对丧失后，持票人就无从行使票据权利，而且存在着被他人取得票据权利的危险，如支票一旦遗失，就存在着被冒领的危险。在这种情况下，为了保护票据权利人的利益，《票据法》规定了挂失止付和公示催告两种补救措施。

挂失止付是指持票人在丧失票据后将票据丧失的情形通告付款人停止付款。《票据法》规定："票据丧失，失票人可以及时通知票据的付款人挂失止付，但是，未记载付款人或者无法确定付款人及其代理付款人的票据除外。收到挂失止付通知的付款人，应当暂停支付。"

公示催告是指票据丧失后，票据权利人向法院提出申请，请求法院以公告的方式通知不明的利害关系人限期申报权利，逾期未申报者，则权利失效，再经法院将权利判决后，宣布丧失的票据无效，票据权利人才有权向付款人请求支付。对此《票据法》规定："失票人应当在通知挂失止付后 3 日内，也可以在票据丧失后，依法向人民法院申请公示催告，或者向人民法院提出诉讼。"

8.2　支票结算

8.2.1　什么是支票结算

支票是单位或个人签发的，委托办理支票存款业务的银行在见票时无条件支付确定的金额给收款人或者持票人的票据。

支票结算方式是同城结算中应用比较广泛的一种结算方式。单位和个人在同一票据交换区域的各种款项结算，均可以使用支票。支票由银行统一印制，支票上印有现金字样的为现金支票。支票上印有转账字样的为转账支票，转账支票只能用于转账。未印有现金或转账字样的为普通支票，普通支票可以用于支取现金，也可以用于转账。在普通支票左上角划两条平行线的，为划线支票，划线支票只能用于转账，不得支取现金。

支票的提示付款期限为自出票日起 10 日内，中国人民银行另有规定的除外。超过提示付款期限的，持票人开户银行不予受理，付款人不予付款。转账支票可以根据需要在票据交换区域内背书转让。

存款人领购支票，必须填写票据和结算凭证领用单并加盖预留银行印鉴。存款账户结清时，必须将剩余的空白支票全部交回银行注销。

企业财会部门在签发支票之前，出纳人员应该认真查明银行存款的账面结余数额，防止签发超过存款余额的空头支票。签发空头支票，银行除退票外，还按票面金额处以 5% 但不低于 1 000 元的罚款。持票人有权要求出票人赔偿支票金额 2% 的赔偿金。签发支票时，应使用蓝黑墨水或碳素墨水，将支票上的各要素填写齐全，并在支票上加盖其预留银行印鉴。出票人预留银行的印鉴是银行审核支票付款的依据。银行也可以与出票人约定使用支付密码，作为银行审核支付支票金额的条件。

8.2.2　支票结算有什么特点

支票结算的特点概括起来说就是简便、灵活、迅速和可靠。

所谓简便，是指使用支票办理结算手续简便，只要付款人在银行有足够的存款，它就可以签发支票给收款人，银行凭支票就可以办理款项的划拨或现金的支付。

所谓灵活，是指按照规定，支票可以由付款人向收款人签发以直接办理结算，也可以由付款人出票委托银行主动付款给收款人，另外转账支票在指定的城市中还可以背书转让。所谓迅速，是指使用支票办理结算，收款人将转账支票和进账单送交银行，一般当天或次日即可入账，而使用现金支票当时即可取得现金。

所谓可靠，是指银行严禁签发空头支票，各单位必须在银行存款余额内才能签发支票，因而收款人凭支票就能取得款项，一般是不存在得不到正常支付的情况的。

8.2.3　支票结算有哪些基本规定

（1）支票的使用范围

按照规定，凡是在银行开立账户的企业、事业单位和机关、团体、部队、学校、个体经济户以及单位所附属食堂、幼儿园等，其在同一城市或票据交换地区的商品交易、劳务供应、债务清偿和其他款项结算等均可使用支票。

（2）除定额支票外，支票一律记名

经中国人民银行总行批准的地区的转账支票还允许背书转让，背书转让必须连续。

（3）支票金额起点为 100 元

（4）支票的付款有效期为 10 天

背书转让地区的转账支票有效期为 10 天，从签发的次日算起，遇例假日顺延。过期支票作废，银行不予受理。

（5）签发支票要用墨汁或碳素墨水（或使用支票打印机）认真填写

支票大小写金额和收款人三处不得涂改，其他内容如有改动须由签发人加盖预留银行印签之一证明。签发缺印鉴或错账号的支票及签发的支票印鉴不符、账号户名不符、密码号不符的，银行处百分之五但不低于 1 000 元的罚款。

（6）签发现金支票须符合现金管理规定

收款单位凭现金支票收取现金，须在支票背面加盖单位公章即背书，同时，收款单位到签发单位开户银行支取现金，应按银行规定交验有关证件。

（7）付款单位必须在其银行存款余额内签发支票，不得签发空头支票

空头支票是指签发的支票金额超过银行存款余额。签发空头支票要受到银行的处罚。对于签发空头支票，银行要处支票金额5%但不低于 1 000 元的罚金。如果屡次发生；银行根据情节给予警告或通报批评，直至停止签发支票。

（8）不准签发远期支票

远期支票是指签发当日以后日期的支票。因为签发远期支票容易造成空头支票，所以银行禁止签发远期支票。

（9）不准出租、出借支票

（10）已签发的现金支票遗失，可以向银行申请挂失

挂失前已经支付的，银行不予受理。已签发的转账支票遗失，银行不受理挂失，但可以请收款单位协助防范。

8.2.4 单位内部怎样加强对支票结算的管理

为了避免发生丢失、被盗、空头等情况，防止由于管理不善而给单位带来经济损失，各单位应建立健全支票结算的内部控制制度，加强对支票结算

的管理和控制，具体包括：

（1）支票的管理由财务部门负责，由指定的出纳人员专门负责，妥善保管，严防丢失、被盗。

（2）支票和预留银行印鉴、支票密码单应分别存放，专人保管。

（3）有关部门和人员领用支票一般必须填制专门的"支票领用单"，说明领用支票的用途、日期、金额，由经办人员签章，经有关领导批准。

（4）支票由指定的出纳人员专人签发；出纳人员根据经领导批准的"支票领用单"按照规定要求签发支票，并在支票签发登记簿上加以登记。

（5）各单位不准携带盖好印鉴的空白支票外出采购。如果采购金额事先难以确定，实际情况又需用空白转账支票结算时，经单位领导同意后，出纳人员可签发具有下列内容的空白支票：定时（填写好支票日期）、定点（填写好收款单位）、定用途（填写好支票用途）、限金额（在支票的右上角再加注"限额××元"字样）。各单位签发空白支票要设置"空白支票签发登记簿"，实行空白支票领用销号制度，以严格控制空白支票的签发。"空白支票签发登记簿"一般应包括以下内容：领用日期、支票号码、领用人员、用途、收款单位、限额、批准人、销号日期。领用人员领用支票时要在登记簿"领用人员"栏签名或盖章；领用人员将支票的存根或未使用的：支票交回时，应在登记簿"销号日期"栏销号并注明销号日期。"空白支票签发登记簿的"基本格式如表 8-1 所示。

表 8-1 空白支票签发登记簿

领用日期	支票号码	领用人员	用途	收款单位	限额	批准人	销号日期	备注

（6）建立、健全支票报账制度。单位内部领用支票的有关部门和人员应按规定及时报账，遇有特殊情况与单位财务部门及时取得联系，以便财务部

门能掌握支票的使用情况，合理地安排使用资金。

（7）为避免签发空头支票，各单位财务部门要定期与开户银行核对往来账，了解未达账项情况，准确掌握和控制其银行存款余额，从而为合理地安排生产经营等各项业务提供决策信息。

（8）为避免收受空头支票和无效支票，各单位应建立收受支票的审查制度。

为防止发生诈骗和冒领，收款单位一般应规定必须收到支票几天（如三天、五天）后才能发货，以便有足够的时间将收受的支票提交银行，办妥收账手续。遇例假日相应推后发货时间，以防不法分子利用假日银行休息无法办妥收账手续进行诈骗。

（9）一旦发生支票遗失，立即向银行办理挂失或者请求银行和收款单位协助防范。

8.2.5　支票结算的基本程序

1. 现金支票结算程序

（1）开户单位用现金支票提取现金时，由本单位出纳人员签发现金支票并加盖银行预留印鉴后，到开户银行提取现金。

（2）开户单位用现金支票向外单位或个人支付现金时，由付款单位出纳人员签发现金支票，并加盖银行预留印鉴和注明收款人后交收款人。

（3）收款人持现金支票到付款单位开户银行提取现金，并按照银行的要求交验有关证件。

2. 转账支票结算程序

（1）付款人按应支付的款项签发转账支票后交收款人，凭支票存根贷记"银行存款"账户，借记对应账户。

（2）收款人审查无误后，填制一式两联进账单连同支票一并送交本单位开户银行。

（3）经银行审查无误后，在进账单的回单上加盖银行印章，退回收款人，作为收款人入账的凭据，收款人据此借记"银行存款"账户，贷记对应账户。

（4）另一联和支票银行留存，作为划转款项和记账凭据。

转账支票的结算程序图如图8-1所示。

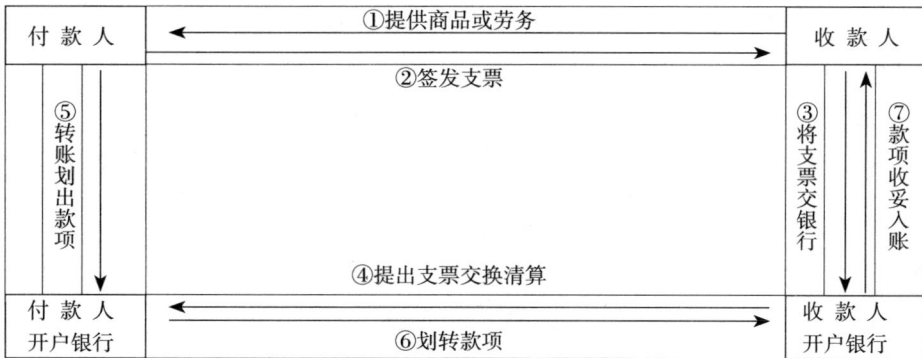

图8-1　转账支票的结算程序图

8.2.6　怎样签发与办理现金支票

现金支票有两种，一种是支票上印有"现金"字样的现金支票，现金支票只能用于支取现金；另一种是未印有"现金"或"转账"字样的普通支票，普通支票可以用于支取现金，也可以用于转账。各单位使用现金支票或普通支票（以下均称现金支票）时，必须按《现金管理暂行条例》中的现金使用范围及有关要求办理。

（1）签发现金支票必须写明收款单位名称或收款人姓名，并只准收款方或签发单位持票向银行提取现金或办理转账结算，不得将现金支票流通。

（2）签发现金支票首先必须查验银行存款是否有足够的余额，签发的支票金额必须在银行存款账户余额以内，不准超出银行存款账户余额签发空头支票。对签发空头支票或印章与预留印鉴不符的支票，银行除退票外并按票面金额处以 5% 但不低于 1 000 元的罚款。持票人有权要求出票人赔偿支票金额 2% 的赔偿金。对屡次签发的，银行可根据情节给予警告、通报批评，直至停止其向收款人签发支票。

（3）签发现金支票不得低于银行规定的金额起点，起点以下的用库存现金支付。支票金额起点为 100 元，但结清账户时，可不受其起点限制。

（4）要严格执行支票有效期限的规定。支票付款的有效期限为 10 天。有效期限从签发支票的次日算起，到期日如遇到假日顺延。过期支票作废，银行不予受理。签发支票必须填写当日日期，不得签发远期支票。

（5）支票的持票人应当自出票日起 10 日内提示付款，异地使用的支票，其提示付款的期限由中国人民银行另行规定。超过提示付款期限的，付款人可以不予付款。

（6）各单位在填写现金支票时，应按有关规定认真填写支票中的有关栏目。现金支票需填写的内容有收款人和开户银行名称、支票号码、签发日期、签发人账号、大小写金额、用途等项目，填写时必须要素齐全、内容真实、数字正确、字迹清晰，不潦草，不错漏，做到标准、规范，防止涂改。签发支票应使用墨汁或碳素墨水填写，未按规定填写，被涂改冒领的，由签发人负责。支票大小写金额和收款人不得更改。其他内容如有更改，必须由签发人加盖预留银行印鉴之一证明。

8.2.7　怎样签发与办理转账支票

转账支票的签发及办理与现金支票基本相同。不同的是：经中国人民银行总行批准的地区，转账支票可以背书转让。转账支票的收账手续不同，收款单位在收到转账支票时，除审核有关项目外，需填制进账单如表 8-2 所示，连同转账支票送交开户银行，并根据银行退回的加盖银行印章的进账单第一联（回单）编制收款凭证，出纳人员据以登记银行存款日记账。在日常业务中，有时付款单位签发支票后，同时代收款单位填制银行进账单，将支票连同进账单一并送交银行后，将银行盖章的进账单第一联送交收款单位，收款单位可据以编制凭证，出纳人员据以登记银行存款日记账。

表 8-2　银行进账单

此联由银行盖章后退回单位	收款单位	全称		款项往来		
		账号		款项性质	票据（分页填写）	
	人民币（大写）				亿千百十万千百十元角分	
	托收票据目录第1页　共　页			款项性质	金　额	
	付款行交换号码	付款单位账号	凭证号码		亿千百十万千百十元角分	
						（收款银行盖章）

8.2.8　怎样处理收到的转账支票

收款单位出纳员收到付款单位交来的支票后，首先应对支票进行审查，以免收进假支票或无效支票。对支票的审查应包括如下内容：

（1）支票填写是否清晰，是否用墨汁或碳素墨水填写。

（2）支票的各项内容是否填写齐全，是否在签发单位盖章处加盖单位印鉴，大小写金额和收款人有无涂改，其他内容如有改动是否加盖了预留银行印鉴。

（3）支票收款单位是否为本单位。

（4）支票大小写金额填写是否正确，两者是否相符。

（5）支票是否在付款期内。

（6）背书转让的支票其背书是否正确，是否连续。

收款单位出纳员对受理的转账支票审查无误后，即可填制一式两联进账单，连同支票一并送交其开户银行。

开户银行审核无误后即可在进账单第一联上加盖"转讫"章退回收款单位。收款单位根据银行盖章退回的进账单第一联编制银行存款收款凭证。

8.2.9　支票结算方式下如何处理银行退票

按照规定，银行对于签发人或收款人提交的现金支票和转账支票必须进行严格的审查，对于付款单位存款数额不足以支付票款（空头支票）或者支票填写不合规定等情况，银行将按规定予以退票。现金支票必须到开票公司的开户行取款，是见票即付的。转账支票根据存款银行的不同到账时间也是不同的。

所谓退票就是指银行认为该支票的款项不能进入收款人账户而将支票退回。

银行将出具"退票理由书"，连同支票和进账单一起退给签发人或收款人。"退票理由书"的基本格式如表 8-3 所示。

收款人收到银行退回的支票后，应立即与付款人进行联系，并作出相应的账务处理。

表 8-3　退票理由书

年　月　日

出票单位　　　　　　　　　　　　票据号码

项　目	内　容	退票理由（打√号）
账户款项不足	存款不足	
	超过放款批准额度或经费限额	
内容填写	金额大小写不全、不清楚	
	未填写收款单位或收款人	
	未填写款项用途或用途填写不明	
	按国家规定不能支付的款项	
日期	出票日期已过有效期限	
	非即期支票	
背书签字	背书人签章不清、不全、空白	
	背书人签章与预留银行印鉴不符	
涂改	支票大小写金额或收款人名称涂改	
	日期、账号等涂改处未盖预留银行印鉴证明	
其他	此户已结清，无此账户	
	已经出票人申请止付	
	非本行承付支票	

8.2.10　怎样办理支票挂失

已经签发的普通支票和现金支票，如因遗失、被盗等原因而丧失的，应立即向银行申请挂失。

（1）出票人将已经签发内容齐备的可以直接支取现金的支票遗失或被盗等，应当出具公函或有关证明，填写两联挂失申请书（可以用进账单代替），加盖预留银行的签名式样和印鉴，向开户银行申请挂失止付。银行查明该支票确未支付，经收取一定的挂失手续费后受理挂失，在挂失人账户中用红笔注明支票号码及挂失的日期。

（2）收款人将收受的可以直接支取现金的支票遗失或被盗等，也应当出具公函或有关证明，填写两联挂失止付申请书，经付款人签章证明后，到收款人开户银行申请挂失止付。其他有关手续同上。同时，依据《票据法》第15 条第 3 款规定："失票人应当在通知挂失止付后 3 日内，也可以在票据丧失后，依法向人民法院申请公示催告，或者向人民法院提起诉讼。"即可以背书转让的票据的待票人在票据被盗、遗失或灭失时，须以书面形式向票据支付地（即付款地）的基层人民法院提出公示催告申请。在失票人向人民法院提交的申请书上，应写明票据类别、票面金额、出票人、付款人、背书人等票据主要内容，并说明票据丧失的情形，同时提出有关证据，以证明自己确属丧失的票据的持票人，有权提出申请。

失票人在向付款人挂失止付之前，或失票人在申请公示催告以前，票据已经由付款人善意付款的，失票人不得再提出公示催告的申请，付款银行也不再承担付款的责任。由此给支票权利人造成的损失，应当由失票人自行负责。

按照规定，已经签发的转账支票遗失或被盗等，由于这种支票可以直接持票购买商品，银行不受理挂失，所以，失票人不能向银行申请挂失止付。但可以请求收款人及其开户银行协助防范。如果丧失的支票超过有效期或者挂失之前已经由付款银行支付票款的，由此所造成的一切损失，均应由失票人自行负责。

8.2.11　使用支票结算应注意哪些问题

（1）存款人向开户银行领支票时，必须填写"支票领用单"并加盖预留银行印鉴章，经银行核对印鉴相符后，根据规定收取工本费和手续费，发给空白支票，并在支票登记簿上注明领用日期、存款人名称、支票起止号码，以备查对。

银行出售支票每个账户一次只能认购一本，业务量大的可适当放宽。出售时应在每张支票上加盖本行行名和存款入账号。

单位撤销、合并结清账户时，应将剩下的空白支票，填列一式两联清单，全部都交回银行注销。清单一联由银行盖章后退交收款人，另一联作为清户传票附件。

（2）要严格控制携带空白支票外出采购。对预先不能确定采购物资的单价、金额的，经单位领导批准，可将已填明收款人名称和签发日期、明确款项用途和款项限额的支票交采购人员，使用支票人员回单位后必须及时向财务部门结算。

款项限额的办法是在支票正面用文字注明最高限额，并在小写金额栏内用"￥"填定数位。

（3）支票应由财会人员或使用人员签发，不得将支票交收款人代为签发。支票存根要同其他会计凭证一样谨慎保管。

（4）收款人在接受付款人交来的支票时，应注意审核下列内容：支票收款人或被背书人是否确为本收款人；支票签发人及其开户银行的属地是否在本结算区；支票签发日期是否在付款期内；大小写金额是否相符；背书转让的支票其背书是否连续，有无"不准转让"字样；支票是否根据规定用墨汁或碳素墨水填写；大小写金额、签发日期和收款人名称有无更改；其他内容更改后是否加盖印鉴证明；签发人盖章是否齐全等。

（5）对持支票前来购货的购货人必须查明身份，验有关证件。为了避免发生诈骗、冒领或收受空头支票，收款人或被背书人接受支票时，可检查支票人的身份证，摘录身份证号码并问明联系电话等。通常情况下应将受理的支票及时送存银行，待银行将款项收妥并存入本单位账户后再行发货。

8.3 银行本票结算方式

8.3.1 什么是银行本票，银行本票结算有什么特点

银行本票是银行签发的，承诺自己在见票时无条件支付确定的金额给收款人或者持票人的票据。

银行本票由银行签发并保证兑付，而且见票即付，具有信誉高、支付功能强等特点。用银行本票购买材料物资，销货方可以见票付货，购货方可以凭票提货；债权债务双方可以凭票清偿；收款人将本票交存银行，银行即可为其入账。无论单位或个人，在同一票据交换区域支付各种款项，都可以使

用银行本票。

与其他银行结算方式相比，银行本票结算具有如下特点：

（1）使用方便

我国现行的银行本票使用方便灵活。单位、个体经济户和个人不管其是否在银行开户，他们之间在同城范围内的所有商品交易、劳务供应以及其他款项的结算都可以使用银行本票。收款单位和个人待银行本票可以办理转账结算，也可以支取现金，同样也可以背书转让。银行本票见票即付，结算迅速。

（2）信誉度高，支付能力强

银行本票是由银行签发，并于指定到期日由签发银行无条件支付，因而信誉度很高，一般不存在得不到正常支付的问题。其中定额银行本票由中国人民银行发行，各大国有商业银行代理签发，不存在票款得不到兑付的问题。不定额银行本票由各大国有商业银行签发，由于其资金力量雄厚，因而一般也不存在票款得不到兑付的问题。

8.3.2　银行本票的内容和种类

1. 银行本票的内容

（1）标明"银行本票"字样。

（2）无条件支付的承诺。

（3）确定的金额。

（4）收款人的名称。

（5）出票日期。

（6）出票人签章。

2. 银行本票的种类

按银行本票金额不同分为定额本票和不定额本票两种。银行本票适用于单位、个体经营户和个人在同城范围内的商品交易和劳务供应以及其他款项的结算。

（1）定额银行本票

定额银行本票一式两联，第一联为签发银行结算本票时，作付出传票；第二联由签发银行留存，结算本票时作传票的附件。

（2）不定额银行本票

不定额银行本票只有一联，由签发银行盖章后交申请人以办理转账结算或取现。

8.3.3 银行本票结算的基本规定

（1）银行本票一律记名。

（2）银行本票允许背书转让。

（3）银行本票的付款期为1个月（不分大月、小月，统按次月对日计算，到期日遇例假日顺延）。逾期的银行本票，兑付银行不予受理。

（4）银行本票见票即付，不予挂失。遗失的不定额银行本票在付款期满后1个月确未冒领，可以办理退款手续。

（5）不定额本票的金额起点为100元，定额本票的面额分为500元、1 000元、5 000元和10 000元四种。

（6）银行本票需支取现金的，付款人应在"银行本票申请书"中填明"现金"字样，银行受理签发本票时，在本票上划去"转账"字样并盖章，收款人凭此本票即可支取现金。

8.3.4 怎样办理银行本票

（1）申请

付款单位需要使用银行本票办理结算，应向银行填写一式三联"银行本票申请书"，详细写明收款单位名称等各项内容。如申请人在签发银行开立账户的，应在"银行本票申请书"第二联上加盖预留银行印鉴。个体经济户和个人需要支取现金的应在申请书上注明"现金"字样。"银行本票申请书"的格式由人民银行各分行确定和印制。

（2）签发本票

签发银行受理"银行本票申请书"后，应认真审查申请书填写的内容是否正确。审查无误后，办理收款手续。付款单位在银行开立账户的，签发银行直接从其账户划拨款项；付款人用现金办理本票的，签发银行直接收取现金。银行按照规定收取办理银行本票的手续费，其收取的办法与票款相同。

银行办妥票款和手续费收取手续后，即签发银行本票。

签发银行在签发定额银行本票时，应按照申请书的内容填写收款人名称，并用大写填写签发日期。用于转账的本票须在本票上划去"现金"字样，用于支取现金的须在本票上划取"转账"字样，在银行本票上加盖汇票专用章，连同"银行本票申请书"存根联一并交给申请人。未划去"转账"或"现金"字样的兑付银行将按照转账办理。

签发银行在签发不定额银行本票时，同样应按照申请书的内臣填写收款人名称，并用大写填写签发日期，用于转账的本票须在本票上划去"现金"字样，用于支取现金的本票须在本票上划去"转账"字样，然后在本票第一联上加盖汇票专用章和经办、复核人员名章，用总行统一订制的压数机在"人民币大写"栏大写金额后端压印本票金额后，将本票第一联连同"银行本票申请书"存根联一并交给申请人。

付款单位收到银行本票和银行退回的"银行本票申请书"存根联后，财务部门根据"银行本票申请书"存根联编制银行存款付款凭证，其会计分录为：

借：其他货币资金——银行本票

贷：银行存款

对于银行按规定收取的办理银行本票手续费，付款单位应当编制银行存款或现金付款凭证，其会计分录为：

借：财务费用——银行手续费

贷：银行存款（或现金）

8.3.5　付款单位怎样持银行本票购买货物

付款单位收到银行签发的银行本票后，即可持银行本票向其他单位购买货物，办理货款结算。付款单位可将银行本票直接交给收款单位，然后根据收款单位的发票账单等有关凭证编制转账凭证，其会计分录为：

借：材料采购（或商品采购）

贷：其他货币资金——银行本票

如果实际购货金额大于银行本票金额，付款单位可以用支票或现金等补齐不足的款项，同时根据有关凭证按照不足款项编制银行存款或现金付款凭

证,其会计分录为:

借:材料采购(或商品采购等)

贷:银行存款(或现金)

如果实际购货金额小于银行本票金额,则由收款单位用支票或现金退回多余的款项,付款单位应根据有关凭证,按照退回的多余款项编制银行存款或现金收款凭证,其会计分录为:

借:银行存款(或现金)

贷:其他货币资金——银行本票

银行本票的结算程序图如图 8-2 所示。

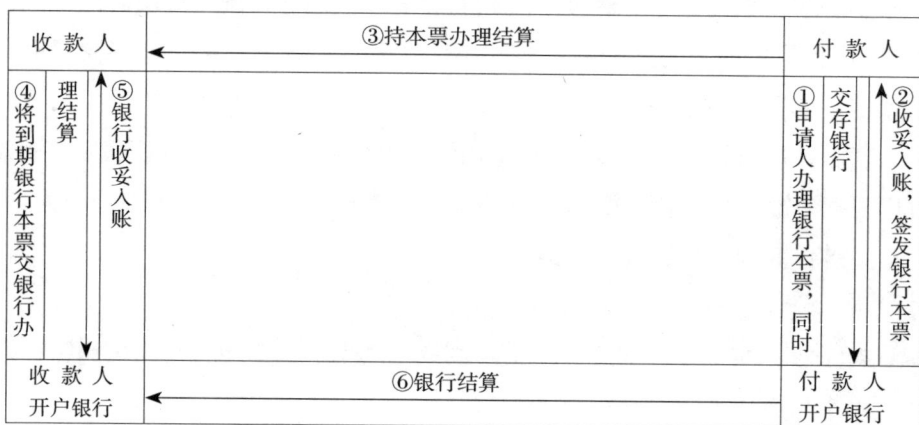

收 款 人	③持本票办理结算				付 款 人
④将到期银行本票交银行办	理结算	⑤银行收妥入账		①申请人办理银行本票,同时 交存银行	②收妥入账,签发银行本票
收 款 人 开户银行	⑥银行结算				付 款 人 开户银行

图8-2 银行本票的结算程序图

8.3.6 收款单位收到银行本票怎样处理

收款单位收到付款单位交来的银行本票后,首先应对银行本票进行认真的审查。审查的内容主要包括:

(1)银行本票上的收款单位或被背书人是否为本单位、背书是否连续。

(2)银行本票上加盖的汇票专用章是否清晰。

(3)银行本票是否在付款期内(付款期限为二个月)。

(4)银行本票中的各项内容是否符合规定。

(5)不定额银行本票是否有压数机压印的金额,本票金额大小写数与压印数是否相符。

审查无误后，受理付款单位的银行本票，填写一式两联"进账单"，并在银行本票背面加盖单位预留银行印鉴，将银行本票连同进账单一并送交开户银行。开户银行接到收款单位交来的本票，按规定认真审查。审查无误后即办理兑付手续，在第一联进账单上加盖"转讫"章作收款通知退回收款单位。如果购货金额大于本票金额，付款单位用支票补足款项的，可将本票连同支票一并送存银行，也可分开办理。如果收款单位收受的是填写"现金"字样的银行本票，按规定同样应办理进账手续。当然如果收款人是个体经济户和个人，则可凭身份证办理现金支取手续。

收款单位应根据银行退回的进账单第一联及有关原始凭证编制银行存款收款凭证，其会计分录为：

借：银行存款

　　贷：商品销售收入（或产品销售收入）

　　　　应交税金——应交增值税（销项税额）

如果收款单位收到的银行本票金额大于实际销售金额，则付款单位应用支票或现金退回多余的款项。在这种情况下，收款单位可以于收到本票时，根据有关发票存根等原始凭证按照实际销货金额编制转账凭证，其会计分录为：

借：其他货币资金——银行本票

　　贷：产品销售收入（或商品销售收入）

　　　　应交税金——应交增值税（销项税额）

　　　　应付账款——××付款单位

收款单位将银行本票送存银行，办理进款手续后，再根据银行退回的进账单编制银行存款收款凭证，其会计分录为：

借：银行存款

　　贷：其他货币资金——银行本票

8.3.7　怎样办理银行本票的背书转让

按照规定，银行本票一律记名，允许背书转让。银行本票的持有人转让本票，应在本票背面"背书"栏内背书，加盖本单位预留银行印鉴，注明背书日期，在"被背书人"栏内填写受票单位名称，之后将银行本票直接交给被背书单位，同时向被背书单位交验有关证件，以便被背书单位查验。被背书单位对收受的银行本票应认真进行审查，其审查内容与收款单位审查内容相同。按照规定，银行本票的背书必须连续，也就是说银行本票上的任意一个被背书人就是紧随其后的背书人，并连续不断。如果本票的签发人在本票的正面注有"不准转让"字样，则该本票不得背书转让；背书人也可以在背书时注明"不准转让"，以禁止本票背书转让后再转让。

如果收款单位收受银行本票之后，不准备立即到银行办理进账手续，而是准备背书转让，用来支付款项或偿还债务，则应在取得银行本票时编制转账凭证，其会计分录为：

借：其他货币资金——银行本票

贷：产品销售收入（或商品销售收入等）

应交税金——应交增值税（销项税款）

收款单位将收受的银行本票背书转让给其他单位时，应根据有关原始凭证编制转账凭证。如果用收受的银行本票购买物资，则按发票账单等原始凭证编制转账凭证，其会计分录为：

借：材料采购（或商品采购等）

应交税金——应交增值税（进项税额）

贷：其他货币资金——银行本票

如果用收受的银行本票偿还债务，则其会计分录为：

借：应付账款

贷：其他货币资金——银行本票

8.3.8　怎样办理银行本票的退款

银行本票见票即付，其流动性极强，银行不予挂失。一旦遗失或被窃，被人冒领款项，后果由银行本票持有人自负。所以银行本票持有人必须像对待现金那样，认真、妥善保管银行本票，防止遗失或被窃。

按照规定，超过付款期限的银行本票如果同时具备下列两个条件的，可以办理退款：一是该银行本票由签发银行签发后未曾背书转让；二是持票人为银行本票的收款单位。付款单位办理退款手续时，应填制一式两联进账单连同银行本票一并送交签发银行，签发银行审查同意后在第一联进账单上加盖"转讫"章退给付款单位作为收账通知。付款单位凭银行退回的进账单第一联编制银行存款收款凭证，其会计分录为：

借：银行存款

　　贷：其他货币资金——银行本票

如果遗失不定额银行本票，且付款期满一个月确未冒领的，可以到银行办理退款手续。在办理退款手续时，应向签发银行出具盖有单位公章的遗失银行本票退款申请书，连同填制好的一式两联进账单一并交银行办理退款，并根据银行退回的进账单第一联编制银行存款收款凭证，其会计分录同上。

8.4　汇兑结算方式

8.4.1　什么是汇兑结算方式

汇兑，是汇款人委托银行将款项汇给外地收款人的一种结算方式。汇兑适用于异地单位、个体经营户和个人各种款项的结算。汇兑根据划转款项的不同方法及传递方式的不同可以分为信汇和电汇两种，由汇款人自行选择。

1. 信汇

信汇，是汇款人向银行提出申请，同时交存一定金额及手续费，汇出行将信汇委托书以邮寄方式寄给汇入行，授权汇入行向收款人解付一定金额的一种汇兑结算方式。

采用信汇的，汇款单位出纳人员应填制一式四联"信汇凭证"。"信汇凭证"第一联为"回单"，是汇出行受理信汇凭证后给汇款人的回单；第二联为"支款凭证"，是汇款人委托开户银行办理信汇时转账付款的支付凭证；第三联为"收款凭证"，是汇入行将款项收入收款人账户后的收款凭证；第四联为"收账通知或取款收据"，是给直接记入收款人账户后通知收款人的收款通知，或不直接记入账户的收款人凭以领取款项的取款收据。

2.电汇

电汇，是汇款人将一定款项交存汇款银行，汇款银行通过电报或电传给目的地的分行或代理行（汇入行），指示汇入行向收款人支付一定金额的一种汇款方式。

电汇凭证一式三联，第一联为"回单"，是汇出行给汇款人的回单；第二联为"支款凭证"，为汇出银行办理转账付款的支款凭证；第三联为"发电依据"，汇出行凭此向汇入行拍发电报。

8.4.2 汇兑结算的基本规定

1.起点没有限制

汇兑结算不受金额起点的限制，不论汇款金额多少均可以办理信汇和电汇结算。

2.如何支取现金

收款人要在汇入银行支取现金，付款人在填制信汇或电汇凭证时，须在凭证"汇款金额"大写金额栏中填写"现金"字样。款项汇入异地后，收款人需携带本人的身份证件或汇入地有关单位足以证实收款人身份的证明，到银行一次办理现金支付手续。信汇或电汇凭证上未注明"现金"字样而需要支取现金的，由汇入银行按现金管理规定审查支付；需部分支取现金的，收款人应填写取款凭证和存款凭证送交汇入银行，办理支取部分现金和转账手续。

（1）如何领取汇款

按照规定，汇入银行对开立账户收款单位的款项应直接转入收款单位的账户。

①如对方汇款是用来偿付旧欠，则收款单位收款凭证的会计分录为：

借：银行存款　　　　　　　　　　　　　×××

　　贷：应收账款　　　　　　　　　　　×××

②如果属于对方单位为购买本单位产品而预付的货款，则收款凭证的会计分录为：

借：银行存款　　　　　　　　　　　　　×××

　　贷：预收账款　　　　　　　　　　　×××

③如果待实际发货时，再根据有关原始凭证编制转账凭证，则其会计分录为：

借：预收货款　　　　　　　　　　　　　　×××

　　贷：产品销售收入（或商品销售收入等）　　　　×××

④如果款到即发货，则可直接编制收款凭证，其会计分录为：

借：银行存款　　　　　　　　　　　　　　×××

　　贷：产品销售收入（或商品销售收入等）　　　　×××

（2）如何办理汇款

汇款人委托银行办理汇兑，应向汇出银行填写信、电汇凭证，详细填明汇入地点、汇入银行名称、收款人名称、汇款金额、汇款用途（军工产品可以免填）等各项内容，并在信、电汇凭证第二联上加盖预留银行印鉴。需要注意的是：

①汇款单位需要派人到汇入银行。领取汇款时，除在"收款人"栏写明取款人的姓名外，还应在"账号或住址"栏内注明"留行待取"字样。留行待取的汇款，需要指定具体收款人领取汇款的，应注明收款人的单位名称。

②个体经营户和个人需要在汇入银行支取现金的，应在信、电汇凭证上"汇款金额"大写栏先填写"现金"字样，接着再紧靠其后填写汇款金额大写。

③汇款人确定不得转汇的，应在"备注"栏内注明。

④汇款需要收款单位凭印鉴支取的，应在信汇凭证第四联上加盖收款单位预留银行印鉴。

3. 如何将汇款留行待取

汇款人将款项汇往异地需派人领取的，在办理汇款时，应在签发的汇兑凭证各联的"收款入账号或地址"栏注明"留行待取"字样。留行待取的汇款，需要指定单位的收款人领取汇款的，应注明收款人的单位名称。信汇凭印鉴支取的，应在第四联凭证上加盖预留的收款人印鉴。款项汇入异地后，收款人须携带足以证明本人身份的证件，或汇入地有关单位足以证实收款人身份的证明向银行支取款项。如信汇凭印鉴支取的，收款人必须持与预留印鉴相符的印章，经银行验对无误后，方可办理支款手续。

4. 如何分次支取

收款人接到汇入银行的取款通知后，若收款人需要分次支取的，要向汇入银行说明分次支取的原因和情况，经汇入银行同意，以收款人名义设立临时存款账户,该账户只付不收,结清为止,不计利息。

5. 如何转汇

收款人如需将汇款转到另一地点,应在汇入银行重新办理汇款手续。转汇时,收款人和用途不得改变,汇入银行必须在信汇或电汇凭证上加盖"转汇"戳记。

6. 如何退汇

汇款人对汇出的款项要求退汇时,应出具正式函件,说明要求退汇的理由或本人身份证明和原信、电汇凭证回单,向汇出银行办理退汇。汇出银行审查后,通知汇入银行,经汇入银行查实款项确未解付,方可办理退汇。如汇入银行回复款项已经解付或款项已直接汇入收款人账户,则不能办理退汇。此外,汇入银行对于收款人拒绝接受的汇款,应立即办理退汇。汇入银行对从发出取款通知之日起,两个月内仍无法交付的款项,可主动办理退汇。

汇款单位根据银行退回的信、电汇凭证第一联,根据不同情况编制记账凭证。如果汇款单位用汇款清理旧欠,则应编制银行存款付款凭证,其会计分录为:

借:应付账款——××单位 　　　　　　　　　×××

　　贷:银行存款 　　　　　　　　　　　　　　×××

如果汇款单位是为购买对方单位产品而预付货款,则应编制银行存款付款凭证,其会计分录为:

借:预付账款 　　　　　　　　　　　　　　×××

　　贷:银行存款 　　　　　　　　　　　　　　×××

如果汇款单位将款项汇往采购地,在采购地银行开立临时存款户,则应编制银行存款付款凭证,其会计分录为:

借:其他货币资金——外埠存款 　　　　　　×××

　　贷:银行存款 　　　　　　　　　　　　　　×××

8.4.3　汇兑结算的基本程序

1. 信汇结算程序

汇款人办理信汇时应填写信汇凭证一式四联,送交本单位开户银行办理信汇。银行受理后，将第一联回单退给汇款人记账，汇款人据此借记"应付账款"等，贷记"银行存款"。银行留下第二联支款凭证用于银行记账，将第三联和第四联传给收款银行。收款银行收到凭证后，留下第三联收款凭证用于记账，将第四联传给收款人，收款人收到第四联收账通知后，进行账务处理，借记"银行存款"，贷记"应收账款"等。

2. 信汇结算程序

汇款人办理电汇时应填写电汇凭证一式三联（格式与信汇同），送交本单位开户银行办理电汇。银行受理后，将第一联回单退给汇款人记账，留下第二联支款凭证用于银行记账，依据第三联编制电划代收报单向收款银行拍发电报。收款银行收到电报后，签发电划代刷补充报单一式三联，将第三联传给收款人。收款人凭代收报单第三联进行账务处理。账务处理方法同信汇结算。

8.4.4　汇兑结算应注意事项

（1）汇款人办理异地汇款时，可按照款项汇入地点的远近和时间的要求，选择信汇或电汇结算方式。填写汇款凭证时，要依据凭证各栏要求，详细填明汇入地点、行名、收款人及汇款用作等项内容并在第二联上加盖预留银行印鉴章。

（2）按照结算规定，信汇汇款可附带与汇款有关的少量单证，比如，向外地订购书刊的订购单、商品订购单以及向外地人员汇付工资时的工资发放表等。电汇款项不允许附带单证。

（3）收款人收到银行转来的收款通知或电划代收报单时，要认真地对凭证的内容进行审查，主要核对凭证收款人全称和账号是否与本单位的全称和账号相符，汇款用途是否与本单位有关，汇入银行是否加盖了转讫印章。在确认属于本单位款项可用途不明的情况下，应及时与本单位有关部门联系，及时查明款项用途，以便准确归属有关核算账户。

8.4.5　同城汇兑结算

以上所述汇兑结算仅限于异地结算，为了方便同城主动汇付款项，银行特制了一种叫"贷记凭证"的结算凭证来办理同城汇兑。

贷记凭证由付款人签发并交银行转付款项。该凭证一式四联，一次填写。其中第一联由付款人留存作记账凭据，借记有关账户，贷记"银行存款"；第二联给付款人开户银行作为划付款项的凭据和借记凭证，付款人在此联加盖预留银行印鉴章；第三联给收款人开户银行作为划转款项的凭据和贷方凭证；第四联则作收款人收账通知，收款人开户银行应在此联盖章后再传给收款人，收款人则凭此借记"银行存款"，贷记有关账户。

8.5 银行汇票结算方式

银行汇票是汇款人将款项交存本地银行，由银行签发给汇款人持往异地办理转账结算或提取现金的票据。

银行汇票适用于异地单位、个体经济户、个人之间需要支付的各种款项。只要在银行开立账户的单位、个体经济户和未在银行开立账户的个人，都可向银行申请办理银行汇票，而且均可以受理银行汇票。

8.5.1 什么是银行汇票结算

银行汇票，就是汇款人将款项交存当地银行，由银行签发给汇款人持往异地办理转账结算或支取现金的票据。凡在银行开立账户的单位、个体经营户和未在银行开立账户的个人，都可以向银行申请办理银行汇票，而且也都可以受理银行汇票。它适用于异地单位、个体经营户、个人之间需要支付的各种款项。

银行汇票具有以下七个特点：

（1）票随人到，用款及时

银行汇票可由付款人带至异地办理付款，以便于单位和个人的急需用款。

（2）付款有保证

因为银行汇票是以银行信用做保证的，所以在使用银行汇票进行结算时，通常不会出现"空头"和无款支付的情况。

（3）使用灵活

持票人不仅可一笔转账，也可分次付款，还可按照需要，通过银行办理转汇，持票人也可将银行汇票背书转让。

（4）兑现性强

异地付款需支付现金时，只要在汇款时向银行说明用途或以现金交汇，由汇出银行在签发银行汇票"汇款金额"栏大写金额前注明"现金"字样，就可以在兑付银行支取现金，这样，既可避免长途携带现金的不便，又可保证现金的安全。

（5）购物方便

持票人可持票购物，收款人可见票发货，按货收款，余款退回，做到钱货两清。以致避免了不合理的预付款，做到了一次结清。

（6）信用度高，安全可靠

银行汇票是银行在收到汇款人款项后签发的支付凭证，因而具有较高的信誉，银行保证支付，收款人持有票据，可以安全及时地到银行支取款项。而且，银行内部有一套严密的处理程序和防范措施，只要汇款人和银行认真按照汇票结算的规定办理，汇款就能保证安全。一旦汇票丢失，如果确属现金汇票，汇款人可以向银行办理挂失，填明收款单位和个人，银行可以协助防止款项被他人冒领。

（7）结算准确，余款自动退回

一般而言，购货单位很难确定具体的购货金额，因而出现汇多用少的情况是不可避免的。在有些情况下，多余款项往往长时间得不到清算，从而给购货单位带来不便和损失。而使用银行汇票结算则不会出现这种情况，单位持银行汇票购货，凡在汇票的汇款金额之内的，可根据实际采购金额办理支付，多余款项将由银行自动退回，这样可以有效地防止交易尾欠的发生。

8.5.2 银行汇票结算程序

银行汇票付款期限为自出票日起1个月。一般来说，银行汇票结算大致可分为申办银行汇票、持票结算、兑付款项和结清余额四个阶段。银行汇票结算的步骤如图8-3所示。

1.申办银行汇票

汇款人办理银行汇票时，应先填写"银行汇票委托书"一式三联，送本单位开户银行申请办理签发银行汇票（本单位开户银行不能办理银行汇票的，应将款项转交附近签发银行汇票的银行办理，未在该银行开户的应同时交付现金），银行受理后，收妥款项，签发银行汇票一式四联，将第二联汇票和第三联解汇通知等交给汇款人。申请人或收款人为单位的，不得在"银行汇票申请书"上填明"现金"字样。

2.持票结算

汇款人在汇款金额内，根据实际需要的款项办理结算，并将实际结算金额和多余金额准确、清晰地填入银行汇票和解汇通知的有关栏内，交给收款人。

3.兑付款项

收款人持银行汇票和解汇通知，并填写进账单一式二联，一并送本单位开户银行办理入账手续。

4.结清余额

收款人按实际结算金额办理入账后，银行将多余款项转给汇款人，由汇款人收回余款。

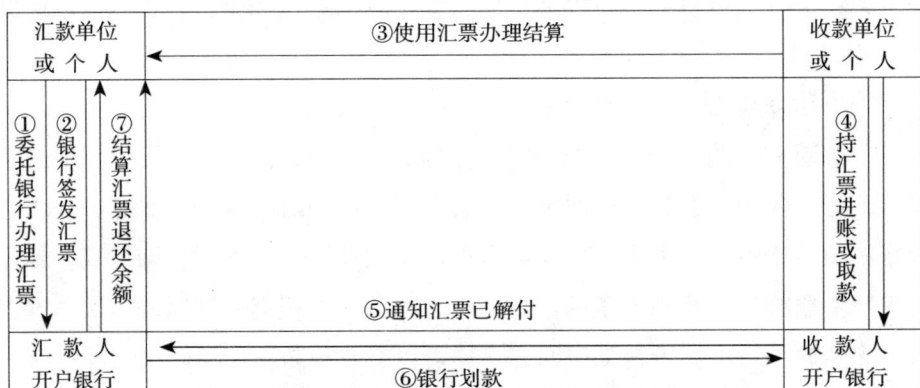

图8-3 银行汇票结算的基本程序图

8.5.3 银行汇票结算的基本规定

（1）银行汇票一律记名

汇款人申请办理银行汇票时，应在填写的"银行汇票委托书"上详细填明兑付地点、收款人名称、账号、用途等项内容。能确定收款人的，需详细填明单位、个体经济户名或个人姓名。如不能确定，应填写汇款人指定人员的姓名。

（2）金额起点的规定

银行汇票金额起点为 500 元。

（3）付款期的规定

银行汇票的付款期为 1 个月（不分大月、小月一律按次月对应日计算，到期日遇节假日顺延）。逾期的银行汇票，兑付银行不予受理。

（4）结算的规定

汇款人持银行汇票可向填明的收款单位或个体经济户直接办理结算，收款人为个人的也可将转账的银行汇票经背书向兑付地单位或个体经济户办理结算。

（5）转账的规定

在银行开立账户的收款人或被背书人受理银行汇票之后，在汇票背面加盖预留银行印鉴章，连同解讫通知、进账单，送交开户银行办理转账。没有在银行开立账户的收款人持银行汇票向银行支取款项时，必须交验本人身份证或兑付地有关单位能够证实收款人身份的证明，并在银行汇票背面盖章或签字，注明证件名称、号码及发证机关后，才能办理支取手续。

（6）支取现金的规定

收款人若需要在兑付地支取现金的，汇款人在填写"银行汇票委托书"时，须在"汇款金额"大写金额栏先填写"现金"字样，后填写汇款金额。

（7）分次支取的规定

收款人持银行汇票向银行支取款项时，若分次支取，应以收款人的姓名开立临时存款户办理支付，临时存款户只付不收，付完清户，不提计利息。

（8）转汇的规定

银行汇票可转汇，可委托兑付银行重新签发银行汇票，可是转汇的收款人和用途必须是原收款人和用途，兑付银行必须在银行汇票上加盖"转汇"戳记，已转汇的银行汇票，必须以原金额兑付。

（9）退汇的规定

汇款人由于在银行汇票超过付款期或其他原因要求退款时，可持银行汇票和解讫通知到签发银行办理退汇。

（10）挂失的规定

持票人若遗失了填明"现金"字样的银行汇票，应立即向兑付银行或签发银行请求挂失。在银行受理挂失前（包括对方行收到挂失通知前）被冒领，银行一律不负责。若遗失了填明收款单位或个体经济户名称的汇票，银行不予挂失，可通知收款单位或个体经济户、兑付银行、签发银行请求共同防范。遗失的银行汇票在付款期满后1个月内，确未冒领的，可办理退汇手续。

8.5.4　银行汇票结算应注意事项

（1）汇款人申请办理银行汇票时，应按照需要确定是否支付现金和允许转汇，若需支取现金，可在填写"银行汇票委托书"大写金额前注明"现金"字样，银行受理后签发带有"现金"字样的银行汇票；若明确不得转汇的，可在"银行汇票委托书"备注栏注明"不得转汇"字样，银行将按照要求签发的银行汇票备注栏注明"不得转汇"字样，这样汇票就不能再办理转汇。

（2）收款人为个人的银行汇票，若需背书转让给兑付地点的单位或个体经济户，还可办理背书转让手续。先由持票人（或汇票的收款人）在银行汇票的背面"背书人"栏加盖汇票原收款人的名章，再在"被背书人"栏填明受让人的名称，然后交给受让人。受让人在"被背书人"栏加盖预留银行印鉴中财务专用章后，就可到银行办理收款入账手续。

（3）收款人受理银行汇票时，要注意审查以下内容：①收款人或被背书人是否确为本收款人；②银行汇票是否在付款期内，日期、金额等内容填写是否正确无误；③印章是否清晰，是否有用压数机压印的金额；④银行汇票收讫通知是否齐全，是否相符；⑤汇款人与背书人的证明或证件是否真实，是否与其背书相符。

（4）收款人在受理银行汇票办理转账时，若将实际结算金额或多余金额填错，可用红线划去金额，在其上方重新填上正确的数字并加盖印章，但只限更改一次。

8.6　商业汇票结算方式

8.6.1　什么是商业汇票

1. 商业汇票的概念

商业汇票，是收款人或付款人（或承兑申请人）签发，由承兑人承兑，并于到期日向收款人或被背书人支付款项的票据。商业汇票适用于在银行开立账户的法人之间，按照购销合同先发货后收款或延期付款的商品交易，不管是同城还是异地，其款项结算都可使用商业汇票的结算方式。

2. 商业汇票的种类

按承兑人不同，商业汇票一般分为商业承兑汇票和银行承兑汇票。

商业承兑汇票，是指由收款人签发，经付款人承兑，或由付款人签发并承兑的票据。它适用于在银行开立账户的法人之间，根据购销合同进行的商品交易。

银行承兑汇票，是指由收款人或承兑申请人签发，承兑申请人向开户银行申请，经银行审查同意承兑的票据。它适用于国有企业、股份制企业、集体所有制工业企业、供销合作社以及三资企业间根据购销合同进行的商品交易。其他法人和个人不得使用银行承兑汇票。

3. 商业汇票结算的特点

（1）适用范围较窄

各企业单位之间只有根据购销合同进行合法的商品交易，才能签发商业汇票。除商品交易以外，其他方面的结算，如劳务报酬、债务清偿、资金借贷等，不应采用商业汇票结算方式。

（2）使用对象较少

商业汇票的使用对象是在银行开立账户的法人。使用商业汇票的收款人、付款人以及背书人、被背书人等必须同时具备以下两个条件：①在银行开立账户；②具有法人资格。

（3）必须经过承兑才具有效力

商业汇票可以由付款人签发，也可以由收款人签发，但都必须经过承兑。只有经过承兑的商业汇票才具有法律效力，承兑人负有到期无条件付款的责任。商业汇票到期，因承兑人无款支付或其他合法原因，债务人不能获得付款时，可以按照汇票背书转让的顺序，向前手行使追索权，依法追索票面金额；该汇票上的所有关系人都应负连带责任。商业汇票的承兑期限由交易双方商定，一般为 3 ～ 6 个月，最长不得超过 9 个月，属于分期付款的应一次签发若干张不同期限的商业汇票。

（4）未到期的也可以办理贴现

未到期的商业汇票可以到银行办理贴现，从而使结算和银行资金融通相结合，有利于企业及时地补充流动资金，维持生产经营的正常进行。

8.6.2　商业汇票结算的程序

1. 商业承兑汇票的结算程序

（1）签发和承兑商业承兑汇票。

商业承兑汇票一式三联，可由收款人签发，也可由付款人签发，汇票签发后，第三联由签发人留存备查，第一联由付款人（即承兑人）留存，第二联汇票由付款人（即承兑人）在承兑栏加盖预留银行印鉴章，并在商业承兑汇票正面签署"承兑"字样，以示承兑后，将商业承兑汇票交给收款人。

（2）承兑并盖预留银行印鉴。

（3）委托收款。

收款人或被背书人将要到期的商业承兑汇票送交开户银行办理收款手续，收款一般采取的是委托收款方式。

（4）收款人开户行将凭证和汇票传递给付款人开户行。

（5）到期兑付。

付款人应于商业承兑汇票到期日前积极筹措款项，于到期日前将票款足额交存其开户银行。

（6）银行划拨款项。

付款人开户银行收到传来的委托收款凭证和商业承兑汇票后，将款项划给收款人或被背书人。

（7）收妥入账。

　2. 银行承兑汇票结算程序

（1）出票（指由收款人签发）。

（2）申请承兑并签订承兑协议。

（3）同意承兑。

（4）送交银行承兑汇票。

（5）到期交付票款。

（6）到期日前委托银行收款。

（7）承兑行将款项划拨给收款人开户行。

（8）收款人收妥票款入账。

银行承兑汇票结算程序图如图 8-4 所示。

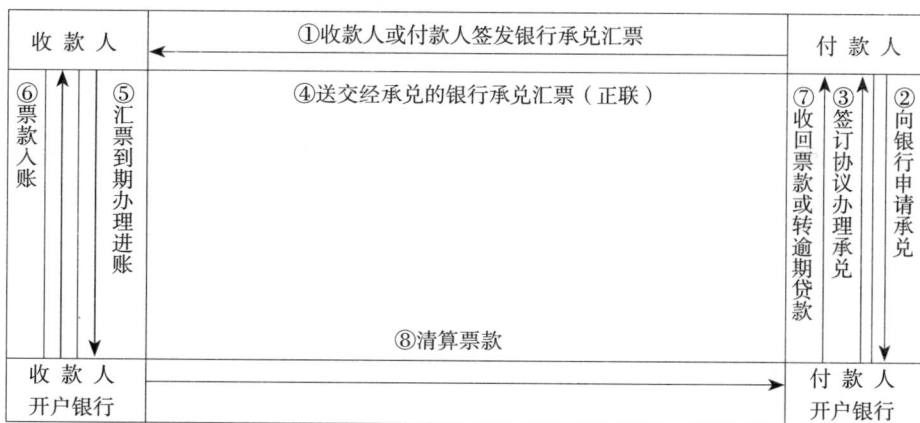

图8-4　银行承兑汇票结算程序图

8.6.3　商业汇票结算的有关规定

（1）商业汇票一律记名，允许背书转让

签发人或承兑人有汇票正面记明"不得转让"字样的商业汇票，不得背书转让。否则，签发人或承兑人对被背书人不负保证付款的责任。

（2）商业汇票有一定的承兑期限

商业汇票的承兑期限，由交易双方商定，但最长的不超过 6 个月。如需分期付款，应一次签发若干张不同期限的汇票，也可按供货进度分次签发汇票。

（3）无款支付的规定

商业承兑汇票到期，付款人账户存款不足而不能支付票款时，如果属于异地办理委托收款的，由付款人开户银行在委托收款凭证备注栏注明付款人"无款支付"字样，按照委托收款结算无款支付手续处理，将委托收款凭证和商业承兑汇票退回收款人开户银行。如果属于同城用进账单划款的，比照空头支票退票处理。同时，银行按照商业承兑汇票的票面金额处以 5% 但不低于 1 000 元的罚款，同时处以 2% 赔偿金给收款人。银行承兑汇票到期，付款人账户无款支付或不足支付时，银行除凭票向收款人无条件支付款项外，将根据承兑协议对付款人执行扣款。

（4）使用商业汇票的单位必须是在银行开立账户的企业法人。

（5）签发商业汇票应以商品交易为基础，禁止签发、承兑、贴现无商品交易的商业汇票。严禁利用商业汇票套取银行贴现资金。

（6）商业承兑汇票的办理方法

商业承兑汇票的收款人或被背书人，对在同一城市的付款人承兑的汇票，应于汇票到期日将汇票送交银行办理收款，对在异地的付款人承兑的汇票，应于汇票到期日前 5 天内，将汇票交开户银行办理收款。对逾期的汇票，应于汇票到期日次日起 10 天内，将汇票送交开户银行办理收款。超过期限，银行不予受理。

办理商业承兑汇票收款时，均需填制委托收款凭证，并在"委托收款货物名称栏"注明"商业承兑汇票"及汇票号码，将汇票随托收凭证一并送交开户银行。

（7）收款人在商业承兑汇票审查中应注意的问题：

①是否为中国人民银行统一印制的商业承兑汇票。

②汇票的签发和到期日期、收付款单位的名称（必须是全称）和账号及开户银行、大小写金额等栏目是否填写齐全正确。

③汇票上的签章（签发人处应加盖签发单位的法人印章，承兑人盖章处盖付款人预留银行印章并填写承兑的日期）是否齐全正确。

④汇票是否超过有效承兑期限（最长为 6 个月，但应注意的是：有效期是从承兑日开始计算，而不是从汇票的签发日开始）。

⑤汇票上有无批注"不得转让"的字样。经转让的汇票，背书是否连续（每一手的背书人是否为前一手的被背书人或收款人），背书的签章是否正确（是否为单位公章、财务专用章）。

8.7　信用卡结算方式

8.7.1　什么是信用卡结算方式

信用卡，是指由银行或专营机构签发，可在约定银行或部门存取现金、购买商品及支付劳务报酬的一种信用凭证。持卡人可在同城和异地凭卡支取现金、转账结算和消费信用等。

1. 信用卡的种类

信用卡的种类依据不同的划分方式可有不同的分类。根据《支付结算办法》的规定，信用卡按使用对象分为单位卡和个人卡，单位卡是指商业银行向企业、事业单位、学校、机关、团体、部队等单位发行的信用卡，其使用对象为单位；个人卡是指商业银行向个人发行的信用卡，其使用对象为个人。

信用卡按信用等级分为金卡和普通卡。一般而言，金卡的持卡人善意透支时透支的金额大于普通卡持卡人的透支金额。

2. 信用卡的适用范围

信用卡产生的结算关系一般涉及三方当事人：即银行、持卡人和商户。商户向持卡人提供商品或服务的商业信用，然后向持卡人的发卡行收回货款或费用，再由发卡行或代办行向持卡人办理结算。

8.7.2 信用卡的申领与使用

根据《支付结算办法》的规定，单位卡和个人卡的申请与使用不尽相同。

1. 单位卡

凡申领单位卡的单位，必须在中国境内金融机构开立基本存款账户，并按规定填制申请表，连同有关资料一并送交发卡银行。该单位符合条件并按银行要求交存一定金额的备用金以后，银行为申领人开立信用卡存款账户，并发给信用卡。单位卡可以申领若干张，持卡人资格由申领单位法定代表人或其委托的代理人书面指定和注销。

在单位卡的使用过程中，其账户的资金一律从其基本存款账户转账存入，不得交存现金，不得将销货收入的款项存入其账户。单位卡的持卡人不得用于 10 万元以上的商品交易、劳务供应款项的结算，并一律不得支取现金。如果需要向其账户续存资金的，单位卡的持卡人必须按前述转账方式转账存入。

2. 个人卡

凡具有完全民事行事能力的公民可申领个人卡。个人卡的主卡持卡人可为其配偶及年满 18 周岁的亲属申领附属卡，申领的附属卡最多不超过两张，也有权要求注销其附属卡。

8.7.3 信用卡在消费中的结算程序

持卡人持信用卡在特约单位购物消费时，应按以下程序进行。

1. 持卡人将信用卡和身份证件一并交特约单位

如果信用卡属智能卡、照片卡可免验身份证件。特约单位不得拒绝受理持卡人合法持有的、签约银行发行的有效信用卡，不得因持卡人使用信用卡而向其收取附加费用。

2. 特约单位应审查信用卡

特约单位受理信用卡时，应审查下列事项：

（1）确为本单位可受理的信用卡。

（2）信用卡在有效期内，未列入"止付名单"。

（3）签名条上没有"样卡"或"专用卡"等非正常签名的字样。

（4）信用卡无打孔、剪角、毁坏或涂改的痕迹。

（5）持卡人身份证或卡片上的照片与持卡人相符，但使用智能卡、照片卡或持卡人凭密码在销售点终端上消费、购物可免验身份证。

（6）卡片正面的拼音姓名与卡片背面的签名和身份证件上的姓名一致。

3. 办理结算手续

特约单位受理信用卡审查无误的，在签购单上压卡，填写实际结算金额、用途、持卡人身份证件号码、特约单位名称和编号。如果超过支付限额的，应向发卡银行索取并填写授权号码，交持卡人签名确认，同时核对其签名与卡片背面签名是否一致。经审查无误后，对同意按经办人填写的金额和用途付款的，由持卡人在签购单上签名确认并将信用卡、身份证件和第一联签购单交还给持卡人。

特约单位在每日营业终了，应将当日受理的信用卡签购单汇总，计算手续费和净计金额并填写汇计单和进账单，连同签购单一并送交收单银行办理进账。收单银行接到特约单位送交的各种单据，经审查无误后，为特约单位办理进账。

8.7.4　信用卡的透支、销户及挂失

1. 信用卡的透支

根据《支付结算办法》的规定，信用卡的持卡人在信用卡账户内资金不足以支付款项时，可以在规定的限额内透支，并在规定期限内将透支款项偿还给发卡银行。但是，如果持卡人进行恶意透支的，即超过规定限额或规定期限，并经发卡银行催收无效的，持卡人必须承担相应的法律责任。

根据《支付结算办法》的规定，信用卡透支额，金卡最高不得超过 1 万元，普通卡最高不得超过 5 000 元。信用卡透支期限最长为 60 天。关于信用卡透支的利息，依《支付结算办法》的规定，自签单日或银行记账日起15 日内按日息 0.5‰ 计算，超过 15 日按日息 1‰ 计算，超过 30 日或透支金额超过规定限额的，按日息 1.5‰ 计算。透支计息不分段，按最后期限或最高透支额的最高利率档次计息。

2. 信用卡的销户

持卡人不需要继续使用信用卡的，应持信用卡主动到发卡银行办理销户。持卡人办理销户时，如果账户内还有余额，属单位卡的，则应将该账户内的余额转入其基本存款账户，不得提取现金；个人卡账户可以转账结算，也可以提取现金。

持卡人透支之后，只有在还清透支利息后，在下列情况下，可以办理销户：

（1）信用卡有效期满 45 天后，持卡人不更换新卡的。

（2）信用卡挂失满 45 天后，没有附属卡，不更换新卡的。

（3）信用卡被列入止付名单，发卡银行已收回其信用卡 45 天的。

（4）持卡人死亡，发卡银行已收回其信用卡 45 天的。

（5）持卡人要求销户或担保人撤销担保，并已交回全部信用卡 45 天的。

（6）信用卡账户两年以上未发生交易的。

（7）持卡人违反其他规定，发卡银行认为应该取消资格的。

发卡银行办理销户，应当收回信用卡。有效信用卡无法收回的，应当将其止付。

3. 信用卡的挂失

信用卡丢失后，持卡人应立即持本人身份证件或其他有效证明，并按规定提供有关情况，向发卡银行或代办银行申请挂失。发卡银行或代办银行审核后办理挂失手续。

如果持卡人不及时办理挂失手续而造成损失的，则应自行承担该损失；如果持卡人办理了挂失手续而因发卡银行或代办银行的原因给持卡人造成损失的，则应由发卡银行或代办银行承担该损失。

8.7.5 怎样保管信用卡

保管信用卡，一方面是指要防止信用卡的损伤导致的无法正常使用，另一方面则是保证用卡的安全。具体说来，使用过程中应注意以下几点。

（1）防止银行卡磁条表面的磨损，银行卡磁条上储存着客户的相关资料信息，如果磁条表面受到严重损伤，会导致信息减弱、改变甚至丢失，

POS、ATM 等终端设备可能就会无法读出正确的银行卡信息，造成交易失败。这必将给持卡人带来极大的不便。因此，平时在保管和使用时，一定要保护好信用卡磁条表面。比如，银行卡最好放在带硬皮的钱夹里，千万不要随意扔在杂乱的包中，防止尖锐物品磨损、刮伤磁条或信用卡的扭曲折坏。

（2）防止银行卡磁条磁性干扰：

第一，放置信用卡的位置不能太贴近磁性包扣。

第二，放置时应尽可能远离电视、冰箱、电磁炉、微波炉等电器周围的高磁场所，也尽量不要和手机、电脑、掌上电脑、磁铁、文曲星、商务通等带磁物品放在一起。

第三，避免将多张银行卡紧贴在一起存放，更不能将两张银行卡背对背放置在一起，使磁条相互磨擦、碰撞。

（3）最好将信用卡随身保管，不要将卡置于车内或寄物柜中，也不要将装有信用卡的钱包放在外套口袋，在一些需要寄放外套的餐厅等公共场合中，记得将卡取出随身保管。暂时不用的信用卡，如果随身携带不便的话，可以放在上锁的抽屉或柜子里，切忌随意丢置。

（4）为了保证信用卡不被他人盗用，最好将银行卡、个人密码和身份证分开存放，尤其避免向其他人泄露信用卡的有关资料信息。更不要将自己的卡转借给他人使用，否则极易发生银行扣卡、止付以及资金损失等情况，甚至引起债务纠纷。

（5）卡号应与发卡银行的服务专线电话号码另行抄录并妥善保管，以免发生意外时第一时间与发卡银行取得联系，及时挂失以避免造成损失。

（6）如果信用卡出现损坏，应当将卡片剪断，用挂号信寄回或直接送交发卡银行，上面注明"卡片毁损"，就可以从银行换发一张新的信用卡。

（7）不要过多地持有信用卡，过多持有信用卡，可能会给持卡人带来诸多不便。一是要奔波于多家银行之间，浪费大量时间和精力，二是增加密码等信息给自己带来的记忆负担，三是增加了自己过度消费及遗失信用卡的风险，四是支付年金带来的额外支出。因此，应当对手中的信用卡进行整理，尽量将不同银行、不同种类的信用卡功能进行整合，将已经不用的"睡眠卡"及时送交银行销户。

8.7.6 使用信用卡时需注意的问题

（1）单位账户的资金一律从基本存款账户转账存入，不得交存现金，不得将销货收入的款项存入其账户。

（2）信用卡仅限于合法持卡人本人使用，持卡人不得出租或转借信用卡。

（3）单位信用卡不得用于10万元以上的商品交易和劳务供应款项的结算。

（4）持卡人带卡购物，消费时需将信用卡和身份证一并交特约单位并在签购单上签名确认。

（5）特约单位不得通过压卡、签单和退货等方式支付持卡人现金。

（6）单位卡一律不得支取现金。

（7）信用卡透支额，金卡最高不得超过10 000元，普通卡最高不得超过5 000元，透支期限最长60天。

（8）持卡人不得恶意透支，指持卡人超过规定限额或规定期限，并经发卡银行催收无效的透支行为。

（9）持卡人不需要继续使用信用卡的，应持信用卡主动到发卡银行办理销户。销户时，单位卡账户余额转入其基本存款账户，不得提取现金。

第 9 章　出纳工作内容之
——税收业务

本章导读

税收取之于民用之于民，从纳税人那里收来的税款主要用来发展全民的经济、科技、教育、文化和国防等事业，具有调节收入分配、促进资源配置、促进经济增长的作用。

纳税是每个企业必须承担的法定义务，是构建社会主义和谐社会的必然要求。做好纳税工作是每一个企业依法经营的基本前提。

现实中，出纳人员有时需要与税务局沟通，因此作为财务工作人员，应掌握基本的税收知识。这也是做好出纳工作的重要条件。

本章重点介绍了税收的定义、特征、构成要素及我国现有税种；税务登记的办理、纳税申报的办理以及缴纳税款业务的办理。

9.1 税收与税法

9.1.1 什么是税收

在现代经济生活中，税收是每个人都将面对的问题，比如 2008 年度，我国将外资企业所得税和内资企业所得税合并，统一执行25%的税率；从2019年起，个人所得税的扣除限额由 1 600 元调增为 5 000 元等，那什么是税收呢？

税收是指国家依法对负有纳税义务的单位和个人征收一定货币和实物。税收是国家取得的收入，从事社会管理的物质基础。在我国，国家 90% 以上的收入均来自于税收，国家用于国防建设、国民教育、社会保障方面的支出均来自于税收收入。

在理解税收的概念时，我们要重点理解以下的三个方面：第一，征税的主体是国家，除了国家之外，任何机构和团体，都无权征税；第二，国家征税依据的是其政治权力，这种政治权力凌驾于财产权力之上，没有国家的政治权力为依托，征税就无法实现；第三，征税的基本目的是满足国家的财政需要，以实现其进行阶级统治和满足社会公共需要的职能。

9.1.2 税收的特征有哪些

一个国家的政府有多种取得财政收入的方式，同其他的方式相比较，税收具有强制性、无偿性、固定性的特征。

（1）强制性

主要是指国家以社会管理者的身份，用法律、法规等形式对征收的捐税加以规定，并依照法律进行强制征税，如果负有纳税义务的单位或个人逃避自己的纳税义务，国家机关则有权依法对其进行强制征收。

（2）无偿性

主要指国家征税后，税款即成为财政收入，不再归还纳税人，国家也不需要支付任何报酬。尽管在现代国家，税收具有取之于民，用之于民的性质，但针对每一个具体的纳税人而言，并不具有等价有偿的特点。

（3）固定性

主要指在征税之前，以法的形式预先规定了课税对象、课税额度。

9.1.3　税收和税法的关系

税法是指有权的国家机关制定的有关调整税收分配过程中形成的权利义务关系的法律规范总和。税法可以有广义和狭义之分。从广义上讲，税法是各种税收法律规范的总和，即由税收实体法、税收程序法、税收争讼法等构成的法律体系。从狭义上讲，税法指的是经过国家最高权力机关正式立法的税收法律，如我国的个人所得税法、税收征收管理法等。

税收与税法密不可分，有税必有法，无法不成税。税收与税法的关系，可以形象地比喻为交通运输和交通规则的关系。有了税收行为之后，就需要制定税法来规范税收行为；有了税法之后，一切税收行为都应该依据税法来进行，从而保证了税收的规范发展。

9.2　税收的构成要素

9.2.1　什么是税收的构成要素，这些要素分别是什么

所谓税收的构成要素，就是国家设立一项税收时，应该予以规定的内容。税收的构成要素一般包括总则、纳税义务人、征税对象、税目、税率、纳税环节、纳税期限、纳税地点、减税免税、罚则、附则等项目。

（1）总则

主要包括立法依据、立法目的、适用原则等。

（2）纳税义务人

即纳税主体，主要是指一切履行纳税义务的法人、自然人及其他组织。

（3）征税对象

即纳税客体，主要是指税收法律关系中征纳双方权利义务所指向的物或行为，它是区分不同税种的主要标志。

（4）税目

是各个税种所规定的具体征税项目。它是征税对象的具体化。比如，消费税具体规定了烟、酒等 11 个税目。

（5）税率

是对征税对象的征收比例或征收额度。税率是计算税额的尺度，也是衡量税负轻重与否的重要标志。我国现行使用的税率主要有：比例税率、定额税率、超额累进税率、超率累进税率。

（6）纳税环节

主要指税法规定的征税对象从生产到消费的流转过程中应当缴纳税款的环节。如流转税在生产和流通环节纳税；所得税在分配环节纳税等。

（7）纳税期限

是指纳税人按照税法规定缴纳税款的期限。

（8）纳税地点

主要是指根据各个税种纳税对象的纳税环节和有利于对税款的源泉控制而规定的纳税人（包括代征、代扣、代缴义务人）的具体纳税地点。

（9）减税免税

主要是对某些纳税人和征税对象采取减少征税或者免予征税的特殊规定。

（10）罚则

主要是指对纳税人违反税法的行为采取的处罚措施。

（11）附则

附则一般都规定与该法紧密相关的内容，比如该法的解释权、生效时间等。

9.2.2 什么是纳税义务人

纳税义务人简称纳税人，也称"纳税主体"，是税法中规定的直接负有纳税义务的单位和个人。每一种税都有关于纳税义务人的规定，通过规定纳税义务人落实税收任务和法律责任。纳税义务人可以是个人，也可以是单位组织。

为了更好的理解纳税义务人的概念，还必须理解负税人、代扣代缴义务人和纳税单位等三个相关的概念。

负税人是指实际负担税款的单位和个人，纳税人是直接向税务机关缴纳税款的单位和个人，但并不一定就是负税人，有时纳税人如果能够通过一定途径把税款转嫁或转移出去，纳税人就不再是负税人。否则，纳税人同时也是负税人。

代扣代缴义务人指有义务从持有的纳税人收入中扣除其应纳税款并代为缴纳的企业、单位或个人。如个人所得税法规定：个人所得税以所得人为纳税义务人，以支付所得的单位或个人为扣缴义务人。

纳税单位，是指申报缴纳税款的单位，是纳税人的有效集合。为了征管和缴纳税款的方便，可以允许在法律上负有纳税义务的同类型纳税人作为一个纳税单位，填写一份申报表纳税。

比如，个人所得税，可以单个人为纳税单位，也可以夫妇俩为一个纳税单位，还可以一个家庭为一个纳税单位；公司所得税可以每个分公司为一个纳税单位，也可以总公司为一个纳税单位。

9.2.3　什么是课税对象

课税对象又称征税对象，是税法中规定的征税的目的物，是国家据以征税的依据。通过规定课税对象，解决了对什么进行征税这一问题。

每一种税都有自己的课税对象，否则，这一税种就成了无源之水。

凡是列为课税对象的，就属于该税种的征收范围；凡是未列为课税对象的，就不属于该税种的征收范围。

例如，我国增值税的课税对象是货物和应税劳务在生产、流通过程中的增值额；所得税的课税对象是企业利润和个人工资、薪金等项所得；房产税的课税对象是房屋；等等。

课税对象是一种税区别于另一种税的最主要标志，它体现着各种税的征税范围，其他税收要素的内容一般都是以课税对象为基础确定的。

9.2.4　什么是计税依据

计税依据，又称税基，是指税法中规定的据以计算各种应征税款的依据或标准，计税依据可以是金额，也可以是物理数量，如重量、体积等。可以这样讲，计税依据是课税对象的数量方面，正确掌握计税依据，是正确的计算应纳税额的基础。

不同税种的计税依据是不同的，目前我国的各主要税种的计税依据如下：我国增值税的计税依据是货物和应税劳务的增值额；营业税的计税依据是应税劳务的收入金额；企业所得税的计税依据是企业的利润。

课税对象与计税依据的关系是：课税对象是指征税的目的物，计税依据则是在目的物已经确定的前提下，对目的物据以计算税款的依据或标准；课税对象是从质的方面对征税所作的规定，而计税依据则是从量的方面对征税所作的规定，是课税对象量的表现。

9.2.5　什么是税目

税目是课税对象的具体化，反映具体的征税范围，代表征税的广度。不是所有的税种都规定税目，有些税种的征税对象简单、明确，没有另行规定税目的必要，如房产税、屠宰税等。但是，大多数税种的课税对象都比较复杂，故应划分具体的税目，可以进一步明确征税范围，解决课税对象的归类问题。

税目一般可分为列举税目和概括税目，列举税目就是将每一种商品或经营项目采用一一列举的方法；概括税目就是按照商品大类或行业采用概括方法设计税目。制定概括税目的优点是税目较少，查找方便；缺点是税目过粗，不便于贯彻合理负担政策。

9.2.6　什么是税率

税率是对征税对象的征收比例或征收额度。税率是计算税额的尺度，也是衡量税负轻重与否的重要标志，它解决了征多少税的问题。我国现行使用的税率主要有以下几种。

（1）比例税率

即对同一征税对象，不分数额大小，规定相同的征收比例。我国的增值税、营业税、城市维护建设税、企业所得税等采用的是比例税率。

（2）超额累进税率

即把征税对象按数额的大小分成若干等级，每一等级规定一个税率，税率依次提高，但每一纳税人的征税对象则依所属等级同时适用几个税率分别计算，将计算结果相加后得出应纳税款。目前采用这种税率的有个人所得税。

（3）定额税率

即按征税对象确定的计算单位，直接规定一个固定的税额。目前采用定额税率的有资源税、城镇土地使用税、车船使用税等。

（4）超率累进税率

即以征税对象数额的相对率划分若干级距，分别规定相应的差别税率，相对率每超过一个级距的，对超过的部分就按高一级的税率计算征税。目前，采用这种税率的是土地增值税。

9.2.7　什么是纳税环节

一件产品，从生产到消费一般都要经历生产、批发、零售等几个环节才能最终到达消费者的手中。纳税环节是指税法上规定的课税对象从生产到消费的流转过程中应当缴纳税款的环节。

如工业品一般要经过产制、批发和零售环节；农产品一般要经过产制、收购、批发和零售环节。这些环节都存在商品流转额，都可以成为纳税环节。但是，为了保证财政收入，以及便于征收管理，国家对不同的商品课税往往确定不同的纳税环节。

按照纳税环节的多少，可将税收课征制度划分为一次课征制和多次课征制。一次课征制是指同一税种在商品流转的全过程中只选择某一环节课征的制度，是纳税环节的一种具体形式。多次课征制是指同一税种在商品流转的全部过程中选择两个或两个以上环节课征的制度。

9.2.8 什么是纳税期限

要正确理解纳税期限的概念，必须先理解三个相关的概念：纳税义务发生时间、纳税计算期、税款缴库期。纳税义务发生时间是指纳税人发生应税行为应当承担纳税义务的起始时间；纳税计算期是指法律、行政法规规定的或者税务机关依照法律、行政法规的规定确定的纳税人据以计算应纳税额的期限；税款缴库期是指纳税人、扣缴义务人在一个税款计算期结束后，到其开户行或其他金融机构或向税务机关缴纳税款的期限。

我国现行税制的纳税计算期限有三种形式：

（1）按期纳税

即根据纳税义务的发生时间，通过确定纳税间隔期，实行按日纳税。按期纳税的纳税间隔期分为 1 天、3 天、5 天、10 天、15 天和 1 个月，共 6 种期限。

（2）按次纳税

即根据纳税行为的发生次数确定纳税期限。如屠宰税、筵席税、耕地占用税以及临时经营者，均采取按次纳税的办法。

（3）按年计征，分期预缴

即按规定的期限预缴税款，年度结束后汇算清缴，多退少补。例如，企业所得税、房产税、土地使用税等。

与之相对应，纳税人、扣缴义务人的申报纳税期限分别是这样：以 1 个月为一期纳税的，自期满之日起 10 天内申报纳税；以其他间隔期为纳税期限的，自期满之日起 5 天内预缴税款，于次月 1 日起 10 天内申报纳税并结清上月税款。

9.2.9 什么是纳税地点

纳税地点主要是指根据各个税种纳税对象的纳税环节和有利于对税款的源泉控制而规定的纳税人（包括代征、代扣、代缴义务人）的具体纳税地点。

不同的税种，不同的经济业务，其纳税地点的规定是不同的，国家税收法规都有具体的规定，在办理具体的税收事项时，需要认真地了解这一规定。

9.2.10　什么是减税免税

减税免税是对某些纳税人或课税对象的鼓励或照顾措施。减税是从应征税款中减征部分税款；免税是免征全部税款。

长期以来，在我国税收实践中，对减免税的管理总体讲是偏松的，越权减免问题相当严重。

为严肃税法，1994 年的税制改革特别强调将减免税权限集中于国务院。如增值税和营业税的暂行条例中均明确规定：免税、减税项目由国务院规定，任何地区、部门不得规定免税、减税项目。

减税免税可以分为三种基本形式：

（1）税基式减免

这是通过直接缩小计税依据的方式实现的减税免税。具体包括起征点、免征额、项目扣除以及跨期结转等。

起征点是指在计税依据没有达到某一个数量（起征点）时，不征税；超过这个标准时，按照计税依据的全额征税。

免征额是指在计税依据没有达到某一个数量（免征额）时，不征税；超过这个标准时，按照计税依据减去规定的金额（免征额）后的余额进行征税。

项目扣除是指在征税对象中扣除一定项目的数额，以其余额作为依据计算税额。

跨期结转是指将以前纳税年度的经营亏损从本纳税年度经营利润中扣除。

（2）税率式减免

即通过直接降低税率的方式实行的减税免税。具体又包括重新确定税率、选用其他税率、零税率等形式。

（3）税额式减免

即通过直接减少应纳税额的方式实行的减税免税，具体包括全部免征、减半征收、核定减免率以及另定减征税额等。

9.3　我国现行各税种简介

9.3.1　我国现行各税种简介

目前，我国征收的税种有 20 余种，按照这些税种的性质和作用大致可以分为以下七类：

（1）流转税类

包括增值税、消费税和营业税。主要在生产、流通或者服务业中发挥调节作用。

（2）资源税类

包括资源税、城镇土地使用税。主要是对因开发和利用自然资源差异而形成的级差收入发挥调节作用。

（3）所得税类

包括企业所得税、外商投资企业和外国企业所得税、个人所得税。主要是在国民收入形成后，对生产经营者的利润和个人的纯收入发挥调节作用。

（4）特定目的税类

包括固定资产投资方向调节税（已停征）、筵席税（很多省区已停征）、城市维护建设税、土地增值税、车辆购置税、耕地占用税。主要是为了达到特定目的，对特定对象和特定行为发挥调节作用。

（5）财产和行为税类

包括房产税、城市房地产税、车船使用税、车船使用牌照税、印花税、屠宰税、契税。主要是对某些财产和行为发挥调节作用。

（6）农业税类

包括农业税、牧业税。主要是对取得农业或者牧业收入的企业、单位和个人征收。2006 年国家已经废除农业税。

（7）关税

主要对进出我国国境的货物、物品征收。

上述税种中的关税，以及在进口环节缴纳增值税、消费税由海关部门负责征收管理；农业税、牧业税、耕地占用税和契税，1996 年以前一直由财政机关负责征收管理，1996 年以后改由税务机关征收管理（但有部分省市仍由财政机关负责征收）；其他税种由税务机关负责征收管理。

9.3.2　增值税简介

增值税是对销售货物或者提供加工、修理修配劳务以及进口货物的单位和个人就其实现的增值额征收的一个税种。

1. 增值税的纳税人

在中华人民共和国境内销售货物或者提供加工、修理修配劳务以及进口货物的单位和个人，为增值税的纳税义务人。

2. 增值税的征收范围

增值税征收范围包括：货物；应税劳务；进口货物。

3. 增值税的税率

增值税税率分为四档：基本税率 13%、低税率 9%、6% 和零税率。

4. 增值税的计税依据

纳税人销售货物或提供应税劳务的计税依据为其销售额，进口货物的计税依据为规定的组成计税价格。

5. 增值税应纳税额的计算

一般纳税人的应纳税额=当期销项税额−当期进项税额。

小规模纳税人的应纳税额=含税销售额÷（1+征收率）×征收率

进口货物的应纳税额=（关税完税价格+关税+消费税）×税率

6. 增值税的纳税申报及纳税地点

增值税纳税申报时间与主管国税机关核定的纳税期限是相联系的。增值税一般纳税人申报和增值税小规模纳税人（非定期定额户）申报；申报的时限规定：纳税人以 1 个月或者 1 个季度为 1 个纳税期的，自期满之日起 10 日内申报纳税；以 1 日、3 日、5 日、10 日或 15 日为一个纳税期的纳税人，自期满之日起 5 日内预缴税款，次月 1 日至 10 日申报并结清上月应纳税款。

增值税固定业户向机构所在地税务机关申报纳税，增值税非固定业户向销售地税务机关申报纳税，进口货物应当由进口人或其代理人向报关地海关申报纳税。

7. 增值税的优惠政策

（1）农业生产者销售的自产初级农业产品。

（2）避孕药品和用具。

（3）古旧图书。

（4）直接用于科学研究、科学试验和教学的进口仪器、设备。

（5）外国政府、国际组织无偿援助的进口物资、设备。

（6）来料加工、来件装配和补偿贸易所需进口的设备。

（7）由残疾人组织直接进口供残疾人专用的物品。

（8）销售的自己使用过的物品（不含游艇、摩托车、应征消费税的汽车）。

9.3.3 企业所得税简介

企业所得税是对企业取得的生产经营所得和其他所得征收的一种税。

1. 纳税义务人

企业所得税的纳税人是除外商投资企业和外国企业外，在中华人民共和国境内的企业。简单地说就是内资企业。

这些企业必须是按国家有关规定注册、登记的。而所谓有生产经营所得和其他所得的其他组织，是指经国家有关部门批准，依法注册、登记的事业单位、社会团体等组织。

2. 征税范围

企业所得税的征税范围包括来源于中国境内、境外的所有收入。具体有生产收入、经营收入、财产转让收入、利息收入、租赁收入、特许权使用费收入、股息收入和其他收入。

3. 税率

企业所得税率为 25%，但符合条件的小型微利企业（所得减按 50% 计入应纳税所得额）20%，国家重点支持的高新技术企业减按 15% 的税率征收企业所得税，技术先进型服务企业 15%。

4. 计税依据

计税依据又叫应纳税所得额，是指纳税人每一纳税年度的收入总额减去准予扣除项目后的余额。

$$应纳税所得额 = 收入总额 - 准予扣除项目金额$$

收入总额包括生产经营收入、财产转让收入、利息收入、租赁收入、特许权使用费收入、股息收入和其他收入。准予扣除项目为纳税人在取得收入过程中发生的与收入有关的成本、费用和损失。

$$应纳所得税额 = 应纳税所得额 \times 税率$$

企业发生年度亏损，可以用下一纳税年度的所得弥补，下一纳税年度的所得不足弥补的，可以逐年延续弥补，但延续弥补期最长不得超过 5 年。

5. 纳税年度确定

企业所得税的纳税年度，为公历 1 月 1 日起至 12 月 31 日止。纳税人在一个纳税年度中间开业，或者由于合并、关闭等原因，使该纳税年度的实际经营期不足 12 个月的，应当以其实际经营期为一个纳税年度。

6. 纳税期限

企业所得税实行按年计算，分月或者分季预缴。月份或者季度终了后 15 日内预缴，年度终了后 4 个月内汇算清缴，多退少补。

9.4　企业常见纳税业务

企业与税务部门的关系主要包括税务登记、纳税申报和税款缴纳，这些工作有的是会计与税务部门联系，但在实际工作中，大多数单位是出纳人员在从事这些工作，尤其是会计人员不多的中小企业，因此，出纳人员也应了解基本的税务知识。

9.4.1 企业的税收业务主要包括哪些

纳税是企业对国家的一项法定业务，任何一家企业必须严肃认真的办好企业的税务事务。就企业的涉税事务而言，主要包括税务登记、纳税申报和税款缴纳三项内容，如图9-1所示。

我国税收制度基本原则：纳税人自报自缴为主、税务机关监督检查为辅。

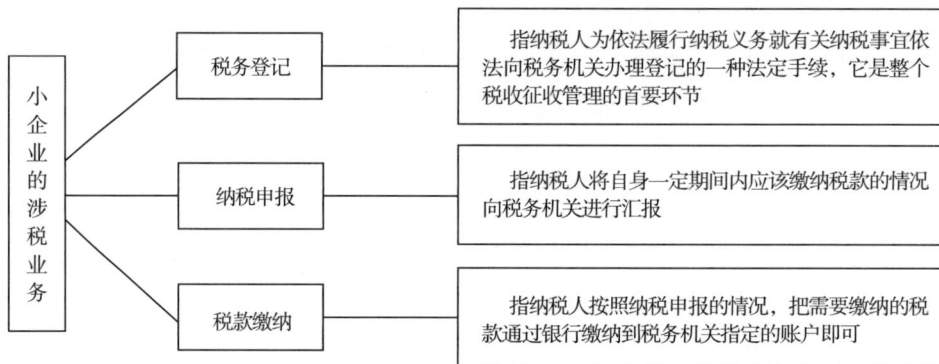

图9-1　企业的涉税业务

9.4.2 如何办理税务登记

当一家企业设立时，或者开业之后经营项目发生变化时，或者停业撤销时，企业都需要做的一项工作，就是要向主管的税务机关办理税务登记。

1.什么是税务登记，主要包括哪些类别

税务登记主要分为四类，分别是税务登记、开业税务登记、变更税务登记、注销税务登记。税务登记是指纳税人为依法履行纳税义务就有关纳税事宜依法向税务机关办理登记的一种法定手续，它是整个税收征收管理的首要环节。开业税务登记是指企业成立时，将其注册资本、经营范围等信息在税务机关登记备案的法定手续。变更税务登记是指企业的基本状况发生变更时，如重要管理人员、注册资本、经营范围等发生变化，而将最新的信息在税务机关登记备案的法定手续。注销税务登记是指企业由于结算、破产等原因需要中止营业时，由于纳税人的税务登记内容发生了根本性变化，需终止履行纳税义务时向税务机关申报办理的税务登记手续。税务登记的分类如图9-2所示。

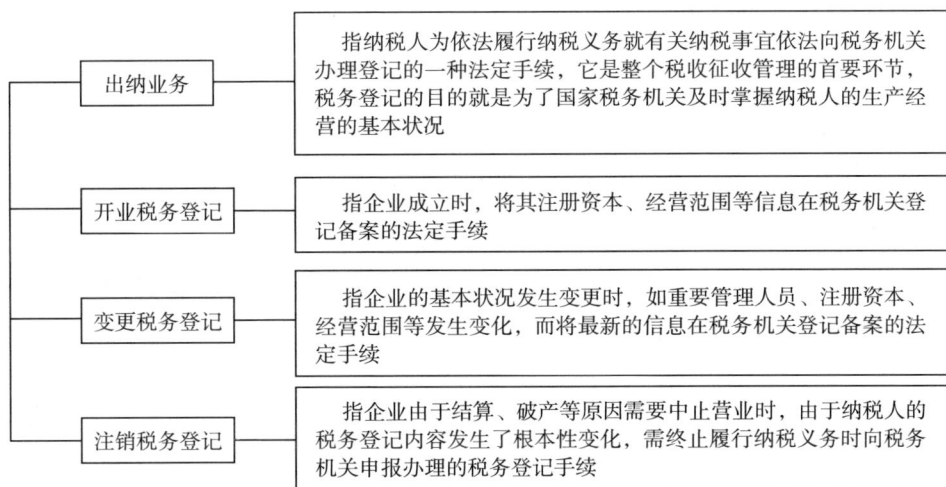

图9-2　税务登记的目的与种类

2. 如何办理开业税务登记

办理税务登记，首先要清楚本企业需要办理的税务登记的类型，其次要清楚去哪些部门办理税务登记，最后就是要明白需要准备哪些资料文件。开业税务登记的基本要求如表9-1所示。

表9-1　开业税务登记的基本要求

时间要求	（1）从事生产、经营的纳税人应当自领取营业执照之日起30日内，主动依法向国家税务机关申报办理登记； （2）按照规定不需要领取营业执照的纳税人，应当自有关部门批准之日起30日内或者自发生纳税义务之日起30日内，主动依法向主管国家税务机关申报办理税务登记
地点要求	（1）纳税企业和事业单位向当地主管国家税务机关申报办理税务登记； （2）纳税企业和事业单位跨县（市）、区设立的分支机构和从事生产经营的场所，除总机构向当地主管国家税务机关申报办理税务登记外，分支机构还应当向其所在地主管国家税务机关申报办理税务登记； （3）有固定生产经营场所的个体工商业户向经营地主管国家税务机关申报办理税务登记；流动经营的个体工商户，向户籍所在地主管国家税务机关申报办理税务登记； （4）对未领取营业执照从事承包、租赁经营的纳税人，向经营地主管国家税务机关申报办理税务登记

续表

需提供的资料	（1）营业执照； （2）有关章程、合同、协议书； （3）银行账号证明； （4）法定代表人或业主居民身份证、护照或者回乡证等其他合法证件； （5）总机构所在地国家税务机关证明； （6）如实填报的税务登记表。纳税人领取税务登记表或者注册税务登记表后，应当按照规定内容逐项如实填写，并加盖企业印章，经法定代表人签字或业主签字后，将税务登记表或者注册税务登记表报送主管国家税务机关； （7）国家税务机关要求提供的其他有关证件、资料
登记的主要内容	机构名称、地址、法定代表人、注册资本、主要业务范围、财务负责人等
其他注意事项	纳税人报送的税务登记表和提供的有关证件、资料，经主管国家税务机关审核后，可向主管国家税务机关领取税务登记证

3.如何办理变更税务登记

办理变更税务登记的基本要求如表9-2所示。

表9-2 办理变更税务登记的基本要求

需要办理的情形	纳税人改变名称、法定代表人或者业主姓名、经济类型、经济性质、住所或者经营地点（指不涉及改变主管国家税务机关）、生产经营范围、经营方式、开户银行及账号等内容的，需要办理变更税务登记
时间要求	应当自工商行政管理机关办理变更登记之日起30日内，持下列有关证件向原主管国家税务机关提出变更登记书面申请报告
需提供的资料	（1）营业执照； （2）变更登记的有关证明文件； （3）国家税务机关发放的原税务登记证件（包括税务登记证及其副本、税务登记表等）； （4）其他有关证件

4.如何办理注销税务登记

办理注销税务登记的基本要求如表 9-3 所示。

表 9-3　办理注销税务登记的基本要求

需要办理的情形	（1）纳税人发生破产、解散、撤销以及其他依法应当终止履行纳税义务的 （2）纳税人因变动经营地点、住所而涉及改变主管国家税务机关的 （3）纳税人被工商行政管理机关吊销营业执照的
时间要求	向工商行政管理机关办理注销登记前，或自营业执照被吊销之日起 15 日内
受理的税务机关	向原主管国家税务机关办理注销税务登记

9.4.3　如何办理纳税申报

1.什么是纳税申报，我国当前有哪些纳税申报的形式

在一个纳税期限（一般是一个月）结束之后，企业需要将纳税期限内的业务经营情况、应纳税款的情况等信息以书面的形式进行汇报，这也就是纳税申报。纳税申报并不是缴纳税款，只是将纳税的信息向国家税务机关进行了申报。

纳税申报，指纳税人按照税法规定，将本单位（或本人）一个期限内应该缴纳税款的有关事项向税务机关进行的书面报告，纳税申报近似于日常生活中的报账，而税款缴纳才是正式的结款。

纳税申报的主要形式如图 9-3 所示。

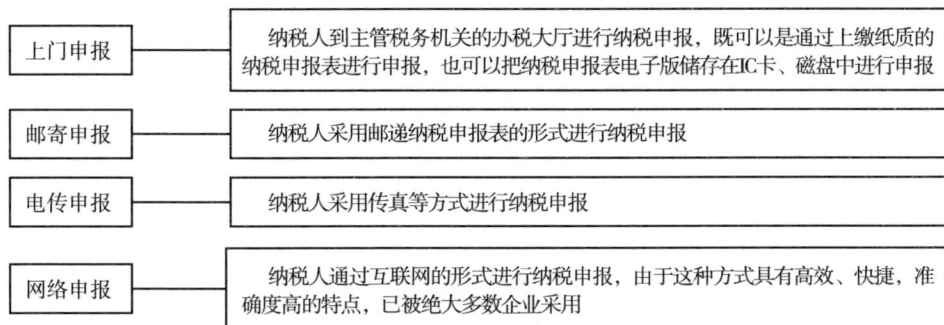

上门申报	纳税人到主管税务机关的办税大厅进行纳税申报，既可以是通过上缴纸质的纳税申报表进行申报，也可以把纳税申报表电子版储存在IC卡、磁盘中进行申报
邮寄申报	纳税人采用邮递纳税申报表的形式进行纳税申报
电传申报	纳税人采用传真等方式进行纳税申报
网络申报	纳税人通过互联网的形式进行纳税申报，由于这种方式具有高效、快捷，准确度高的特点，已被绝大多数企业采用

图9-3　纳税申报的主要形式

2. 办理纳税申报有哪些要求

纳税申报的基本要求如表9-4所示。

表9-4 纳税申报的基本要求

纳税申报的对象	凡取得应纳税收入、负有纳税义务的单位或个人，均应该进行纳税申报
纳税申报的期限	各税种的要求不同，凡以1个月为一期纳税的，于期满后10日内申报
违反纳税申报规定的法律责任	纳税人未按照规定的期限办理纳税申报的，或者扣缴义务人、代征人未按照规定期限向国家税务机关报送代扣代缴、代收代缴税款报告表的，由国家税务机关责令限期改正，可以处以2 000元以下的罚款；逾期不改正的，可以处以2 000元以上10 000元以下的罚款

9.4.4 如何缴纳税款

缴纳税款是纳税人完成纳税义务的最后一步。除一些摊贩需要以现金的形式直接向税务机关缴纳税款以外，企业的财务人员在办理了纳税申报之后，按照实际申报的金额填写《税收缴款书》，同时开具支票，在主管税务机关指定的银行办理缴款即可。

第 10 章　出纳工作内容之
——外汇管理

本章导读

随着经济全球化趋势进一步明显，我国企业中涉外经济业务不断增多，这对出纳人员的财务知识提出了更高的要求。

依国家规定，我国企业应按照国家外汇管理和结汇、购汇制度的规定和相关文件办理外汇出纳业务。外汇出纳业务是政策性很强的工作，出纳人员应熟悉国家外汇管理制度，掌握涉及外汇业务的处理方法，及时办理结汇、购汇、付汇，避免国家外汇损失。

本章重点介绍了外汇的定义、外汇汇率的规定、外汇账户的开设撤销和变更、外汇业务的会计核算、外汇借款业务的会计核算、期末外汇账户余额的调整、接受外币资本投资的会计核算。

10.1　外汇知识入门

10.1.1　外汇的概念

外汇不等于人们常说的外币，它是国际结算业务中的一个重要概念，出纳人员在办理涉外收支结算业务时，必须要掌握外汇的基本常识，才能顺利地完成各项外汇工作任务。

外汇（Foreign Exchange）是国际汇兑的简称，指外国货币或以外国货币表示的能用于国际结算的支付手段和资产，主要包括信用票据、支付凭证、有价证券及外汇现钞等。

我国 1996 年颁布的《外汇管理条例》第三条规定：外汇是指下列以外币表示的可以用作国际清偿的支付手段和资产：①外币现钞，包括纸币、铸币；②外币支付凭证，包括票据、银行的存款凭证、银行卡等；③外币有价证券，包括债券、股票等；④特别提款权；⑤其他外汇资产。

10.1.2　什么是汇率

汇率又称汇价，指一国货币以另一国货币表示的价格，或者说是两国货币间的比价，通常用两种货币之间的兑换比例来表示。比如，USD/JPY=120.40，表示一美元等于 120.40 日元，在这里美元称为单位货币，日元称为计价货币。

在外汇市场上，汇率是以五位数字来显示的，例如：

欧元 / 美元 EUR/USD 1.1425

美元 / 日元 USD/JPY 119.95

英镑 / 美元 GBP/USD 1.6237

美元 / 瑞郎 USD/CHF 1.5003

1. 汇率的标价方式

在进行外汇折算时，由于选择计价货币的标准不同，可以分为两种标价方法：

（1）直接标价法

直接标价法，又叫应付标价法，是以一定单位（1、100、1 000、10 000）的外国货币为标准来计算应付出多少单位本国货币。就相当于计算购买一定单位外币所应付多少本币，所以叫应付标价法。包括中国在内的世界上绝大多数国家目前都采用直接标价法。在国际外汇市场上，日元、瑞士法郎、加元等均为直接标价法，如日元 119.05 即一美元兑 119.05 日元。

在直接标价法下，若一定单位的外币折合的本币数额多于前期，则说明外币币值上升或本币币值下跌，叫作外汇汇率上升；反之，如果要用比原来较少的本币即能兑换到同一数额的外币，这说明外币币值下跌或本币币值上升，叫作外汇汇率下跌，即外币的价值与汇率的涨跌成正比。

（2）间接标价法

间接标价法又称应收标价法。它是以一定单位（如 1 个单位）的本国货币为标准，来计算应收若干单位的外国货币。在国际外汇市场上，欧元、英镑、澳元等均为间接标价法。如欧元 0.9705 即一欧元兑 0.9705 美元。

在间接标价法中，本国货币的数额保持不变，外国货币的数额随着本国货币币值的对比变化而变动。如果一定数额的本币能兑换的外币数额比前期少，这表明外币币值上升，本币币值下降，即外汇汇率上升；反之，如果一定数额的本币能兑换的外币数额比前期多，则说明外币币值下降、本币币值上升，即外汇汇率下跌，即外币的价值和汇率的升跌成反比。

2. 汇率的种类

汇率由于其具有时效性强和受环境影响大的特点，按不同的情况有以下分类方法。

（1）买入汇率和卖出汇率

在我国，外汇收支一般均集中在商业银行和政策性单位，它们在收支外汇的过程中实行外汇买卖，以赚取买卖差价，其外汇标价方法可以分为买入汇率、卖出汇率和中间汇率。

买入汇率又称买入价，是指银行向持汇人（包括企业）买入外汇时所标明的汇率。

卖出汇率又称卖出价，是指银行向购汇人（包括企业）卖出外汇时所标明的汇率。

中间汇率是指买入价和卖出价的平均价，等于买价加卖价之和除以 2。

例如，2019 年某日，银行当天的美元买入价为 1 美元 ≈ 6.69 元人民币，当天的美元卖出价为 1 美元 ≈ 6.90 元人民币，则美元中间价为 1 美元 ≈ 6.795 元人民币。对于企业而言，银行买入价则是企业的卖出价，银行卖出价则是企业的买入价，切记不可混淆。

（2）即期汇率和远期汇率

汇率时效性相当强，例如，1 月 5 日汇率为 1 美元 ≈ 6.7150 元人民币，但 1 月 6 日汇率可能是 1 美元 ≈ 6.6825 元人民币，后天则可能是 1 美元 ≈ 6.7715 元人民币等。在这种情况下，可按外汇买卖交割时间的长短来划分汇率。

即期汇率是指双方买卖成交后，在当天或于两天内付款，实行交割的汇率。

远期汇率又称为期汇汇率，是指外汇买卖在未来某一约定时期交到的汇率，常在外汇交易套期保值业务和外汇约定套期保值业务中为避免外汇汇率变动风险或进行投机性交易时采用。

（3）国际汇兑方式下的汇率

电子国际汇兑结算业务中，由于信用工具和外汇收付时间的不同，可分为电汇、信汇和票汇汇率。

电汇汇率是以电报、海底电缆或电传传达付款时所使用的汇率，由于不受利息因素的干扰，也无外汇风险，一般被视为汇率基准。

信汇汇率是以信函传达付款通知时使用的汇率。

票汇汇率是指银行买卖外汇资产、支票或其他票据时所使用的汇率，由于付款时间不同可分即期和远期票汇汇率。

10.2　外汇业务的处理

10.2.1　处理外汇业务的原则

外汇业务属于特殊类型的经济业务，其会计核算方法也有其特定的原则，具体内容如下。

（1）外币账户采用双币记账

即反映外币业务时，在将外币折算为记账本位币入账的同时，还要在账簿上用业务发生的成交货币（原币）入账，以真实全面地反映一笔外汇业务的实际情况。

（2）外币核算采用折算入账

企业发生外币业务时，应当将有关外币金额折合为记账本位币金额记账，除另有规定外，所有与外币业务有关的账户，应当采用业务发生时的汇率，也可以采用业务发生当期期初的汇率折合。

（3）汇兑损益的账务处理

企业因向外汇指定银行结售或购入外汇时，按银行买入价、卖出价进行交易与市场的汇价产生的汇率差额，作为外币兑换损益计入汇兑损益。

（4）外币账户月末余额的账务处理

企业对各外币账户的期末余额要以期末市场汇率折合为记账本位币的金额，以如实反映该外币按月末汇率折算为记账本位币后的实际期末余额，并将折算的期末余额与原记账本位币余额的差额按规定记入该账户和汇兑损益账户。

（5）外币分账制的账务处理

对于经营多种货币信贷或融资租赁业务的企业，也可以根据业务的需要，采用分账制。即企业对外币业务在日常核算时按照外币原币进行记账，分别对不同的外币币种核算其所实现的损益，编制各种货币币种的出纳报表，并在资产负债表中一次性地将各外币会计报表折算为记账本位币表示的会计报表，据以编制企业的汇总会计报表。

10.2.2 如何开设外汇账户

按照国家外汇管理局 1994 年 4 月 1 日颁布的《外汇账户管理暂行办法》的规定，不同的外汇，办理开户所需提供的文件和资料，办理的手续，以及涉及的有关机构与部门各不相同。。

（1）下列外汇开户单位应首先向外汇局提出申请，持外汇局核发的《外汇账户使用证》到开户银行办理开户手续：

①经营境外承包工程、向境外提供劳务、技术合作及其他服务业务的公司，在上述业务项目进行过程中收到的业务往来外汇。

②从事代理对外或境外业务的机构代收待付的外汇。

③暂收待付或暂收待结项下的外汇，包括境外汇入的投标保证金、履约保证金、先收后支的转口贸易收汇、邮电部门办理国际汇兑业务的外汇汇兑款、一类旅行社收取的国外旅游机构预付的外汇、铁路部门办理境外保价运输业务收取的外汇、海关收取的外汇保证金、抵押金等。

④保险机构受理外汇风险、需向境外分保以及尚未结算的保费。

⑤捐赠协议规定用于境外支付的捐赠外汇。

开户单位向外汇局申请领取《外汇账户使用证》必须持有下列材料：

①申请开立账户的报告。

②企事业单位持工商行政管理部门颁发的营业执照，社会团体持民政部门颁发的社团登记证，其他单位持国家授权机关批准成立的有效批件。

③外汇局要求提供的其他有关材料。

外汇管理局审查同意后，发给《外汇账户使用证》，在其中注明账户的币种、收支范围、使用期限及相应的结汇方式。

（2）下列外汇开户单位可以持下列有效凭证直接到开户银行办理开户手续：

①外商投资企业的外汇，持外汇局核发的《外商投资企业外汇登记证》。

②境外借款、发行外币债券取得的外汇，持外汇局核发的《外债登记

证》或者《外汇（转）贷款登记证》。

③驻外机构的外汇，持机构设立批准部门的批准文件或者投资意向书。

（3）下列外汇开户单位须持经批准文件向外汇管理局提出申请，持外汇管理局核发的《开户通知》，然后再到开户银行办理开户手续：

①经国家批准专项用于偿还境内外外汇债务的外汇。

②经批准对境外法人、自然人发行股票取得的外汇。

按照规定，中国境内的企业、事业单位、机关和团体应当在其注册或者在当地开户银行办理开户，需要在境内其他地区开立外汇账户的，应在当地注册或者登记所在地外汇管理局的核准文件及有关材料向开户所在地外汇管理局申请，并按照规定办理开户手续。

开户单位向银行办理开户手续，除了应持有上述有关材料外，同样应填制开户申请书，经银行审查同意后办理开户。

境内机构在境外开立外汇账户的，须向外汇管理局提出申请，经批准后方可在境外开户。

10.2.3　外汇账户的撤销

按照规定，外汇账户使用期满或者由于其他种种原因需要撤销外汇账户时，外汇管理局按照规定对开户银行和开户单位下达《撤销外汇账户通知书》，并对该账户余额作出明确处理，限期办理撤户手续。

境内企事业单位、机关和社会团体按照规定关闭账户时，其外汇余额全部结汇；其中属于外商投资企业外方投资者的部分，允许其转移或汇出。

账户关闭后，开户单位应当将《外汇账户使用证》《外债登记证》和《外汇（转）贷款登记证》退回外汇管理局。

按照规定，境内机构经批准在境外开立的外汇账户，自使用到期之日起30 日内，开户单位须向外汇管理局提出已注销境外账户说明，将余额调回境内，并提交销户清账单；需要延期使用境外账户的，须在到期前 30 天向外汇管理局提出申请。

10.3　外汇业务的会计核算

10.3.1　外汇业务的会计核算概述

外汇业务是指企业以记账本位币以外的货币进行账款收付、往来结算等经济业务。主要包括：企业购买以外汇计价并结算的劳务或商品、企业借入或借出外汇债务、企业清偿或承担以外汇计价的债务等。

外汇业务的会计处理方法有外汇统账制和外汇分账制两种。外汇统账制是指企业发生外汇业务时，折算为记账本位币进行入账。外汇分账制则是指企业在日常核算时按照原币记账，分币种核算损益和编制会计报表，在资产负债表日将外汇会计报表换算为记账本位币表示的会计报表，并与记账本位币报表进行合并，便指企业整体业务的会计报表。

从我国当前的会计实践来看，绝大多数企业均选用简便易行的外汇统账制的记账方法，只有一些外汇业务多、金额大的企业，如商业银行才采用外汇分账制，本书中只介绍外汇统账制的记账方法。

10.3.2　外汇统账制的核算程序

企业发生外汇业务时，其会计核算的基本程序是以下内容。

第一，根据一定的折算汇率，将外汇金额折算为记账本位币金额，按照折算后的记账本位币金额登记有关账户；在登记有关记账本位币账户的同时，按照外汇金额登记相应的外汇账户。将外汇金额折算为记账本位币金额时，应采用外汇业务发生时的市场汇率，也可以采用外汇业务发生时当期期初的市场汇率。但一旦选定一种方式，则不要随便改动。

第二，期末（指月末、季末、年末），对各种外汇账户（包括外汇现金、外汇银行存款、以外汇结算的债权债务）的期末余额，按照期末市场汇率折合为记账本位币金额，并将外汇账户期末余额折合为记账本位币的金额与相对应的记账本位币账户的期末余额之间的差额，确认为财务费用中的汇兑损益项目；如果属于企业筹建期的，计入"长期待摊费用"；如果属于与购建固定资产相关的专门的外币借款产生的汇兑损益，则需要计入所构建的固定资产的成本之中。

10.3.3　外汇核算怎样设置账户

涉外企业在核算外币业务时，应当根据实际情况设置相应的外币账户。包括外币现金、外币银行存款、以外币结算的债权（如应收票据、应收账款、预付账款等）和债务（如短期借款、应付票据、应付账款、预收账款、应付职工薪酬、长期借款等）。外币账户应当与非外币的各类相同的账户分别设置，并分别核算。

1."现金——××外币"账户的设置

有外币现金的企业，出纳人员应当分别对人民币和各种外币设置"现金日记账"进行明细核算，按外币业务核算的原则进行会计处理，保证出纳信息的真实性和及时性。

2."银行存款——××外币"账户的设置

有外币存款的企业，应分人民币和各种外币设置"银行存款日记账"进行明细核算，对于按期末汇率折合的人民币金额与原账面人民币金额之间的差额，作为汇兑损益，分别情况处理：

（1）筹建开办期间发生的汇兑损益，计入长期待摊费用。

（2）与购建固定资产有关的外币专门借款产生的汇兑损益，按借款费用的处理原则处理。

（3）除上述情况外，汇兑损益均计入当期财务费用。

3."财务费用——汇兑损益"账户的设置

为了准确地核算企业的汇兑损益，应设置"汇兑损益"账户。该账户属于损益类账户，贷方登记本期汇兑收益数额，借方登记汇兑损失数额；余额在借方则表示汇兑损失的净额，在贷方则表示为汇兑收益的净额。期末应将"汇兑损益"账户余额结转至"本年利润"账户，结转后"账务费用——汇兑损益"账户无余额。

10.3.4 外币兑换的会计核算

1. 企业将外币卖给银行怎样核算

企业将其所持有的外币卖给银行，银行按当日买入价折算成人民币付给企业。由于"银行存款（人民币户）是按实得人民币记账的，而"银行存款（外币户）"等外币账户是按当日市场汇价或当期期初市场汇价记账的，由此而产生的买入价与市场汇价的差额，记入"财务费用（汇兑损益）"科目。借记"银行存款（人民币户）"科目和"财务费用（汇兑损益）"科目，贷记"银行存款（外币户）"科目。有些不允许开立现汇账户的企业，取得的外币收入必须及时地结售给银行，从而成为外币兑换业务。

案例分析 10-1：企业将外币卖给银行的财务处理

某企业以业务发生日的市场汇率作为折合汇率。3 月 15 日出口产品，售价 1 000 美元，当日的市场汇价为。＄1＝¥6.95。3 月 22 日收到外汇并结售给银行，当日市场汇价 ＄1＝¥7.00，银行买入价为 ＄1＝¥6.97，实际收到人民币 6 970 元。则

3 月 15 日应作的会计分录为：

借：应收账款　　　　　　　　　　（＄1 000×6.95）6 950

　　贷：产品销售收入　　　　　　　　　　　　　　6 950

3 月 22 日应作的会计分录为：

借：银行存款（人民币户）　　　　（＄1 000×6.67）6 970

　　财务费用　　　　　　　　　　　　　　　　　　30

　　贷：应收账款　　　　　　　　　　（＄1 000×7.00）7 000

期末，对"应收账款"科目按期末市场汇价进行调整，调整后与原账面记账本位币之间的差额，作为汇兑损益，记入"财务费用"。在本例中，"应收账款"科目的期末余额显然为零。

2. 企业从银行买入外币怎样核算

企业买入外币时，银行按卖出价计算并收取人民币。由于"银行存款

（人民币户）是按实付人民币记账的，而"银行存款（外币户）"等外币账户是按当日市场汇价或当期期初市场汇价记账的，由此而产生的银行卖出价与市场汇价的差额，记入"财务费用（汇兑损益）"科目。即借记"银行存款（外币户）"科目，贷记"财务费用（汇兑损益）"科目和"银行存款（人民币户）"科目。

案例分析 10-2：企业从银行买入外币的财务处理

某企业没有现汇账户，其外币业务的核算以业务发生日的市场汇率作为折合汇率。3 月 15 日为归还一笔 2 000 美元的应付账款而向银行购入外汇，当日的市场汇价为 $1=￥6.80，银行卖出价为 $1=￥6.85，企业实际付出人民币 6 850 元。则 3 月 15 日应作的会计分录为：

借：应收账款　　　　　　　　（ $1 000×6.80 ）6 800
　　财务费用　　　　　　　　　　　　　　　　50
　贷：银行存款　　　　　　　　　　　　　　6 850

10.3.5　外币借款业务的会计核算

1. 允许开立外汇现汇账户的企业发生外币借款业务时怎样进行会计处理

允许开立外汇现汇账户的企业，借款业务的账务处理比较简单，只需把所借外币按当日或当期期初的市场汇价折算成记账本位币入账即可。由此造成的"短期借款"科目借贷两方的人民币差额，在期末进行调整时一并处理。

案例分析 10-3：允许开立外汇现汇帐户企业外币借款业务的财务处理

某企业从银行借入 5 000 美元，当日的市场汇价为 $1=￥6.90。则应作如下会计分录：

借：银行存款（美元户）　　　　（ $5 000×6.90 ）34 500
　贷：短期借款（美元户）　　　　（ $5 000×6.90 ）34 500

还款时，假设市场汇率为 $1=￥7.00，则应作分录：

借：短期借款（美元户）　　　　　（＄5 000×7.00）35 000

　　贷：银行存款（美元户）　　　　（＄5 000×7.00）35 000

2. 不允许开立外汇现汇账户的企业外币发生借款业务时怎样进行会计处理

不允许开立现汇账户的企业，即不能设置"银行存款（美元户）"账户，在归还借款时会产生汇兑损益及短期借款的利息支出，均计入"财务费用"科目。

案例分析10-4：不允许开立外汇现汇帐户企业外币借款业务的财务处理

某企业 3 月 5 日从银行借入 5 000 美元，归还应付账款，当日的市场汇价为 ＄1＝￥6.80。4 月 25 日从银行买入外汇归还，当日的市场汇价为 ＄1＝￥6.85，银行卖出价为 ＄1＝￥6.90。3 月 31 日的市场汇价为 ＄1＝￥6.82，则

（1）3 月 5 日借入时，应作如下会计分录：

借：应付账款（美元户）　　　　　（＄5 000×6.80）34 000

　贷：短期借款（美元户）　　　　（＄5 000×6.80）34 000

（2）3 月 31 日对短期借款科目余额按 ＄1＝￥6.82 进行调整：

借：财务费用　　　　　　　　　　（＄5 000×0.02）100

　贷：短期借款（美元户）　　　　（＄5 000×0.02）100

（3）4 月 25 日归还时

借：短期借款（美元户）　　　　　（＄5 000×6.85）34 250

　　财务费用　　　　　　　　　　　　　　　　250

　贷：银行存款（人民币户）　　　（＄5 000×6.85）34 500

10.3.6　会计期末外汇账户余额的调整

企业发生的外币交易业务，包括进口、出口，以及其他以外币结算的收入和支出业务，均按当日或当期期初的市场汇价折合为记账本位币。由于借贷双方使用相同的汇率进行折算，故平时不会产生汇兑损益。在月份（或季

度、年度）终了，要对所有外币账户余额，按期末市场汇率进行调整。调整程序如下：

第一，根据外币账户期末的原币余额按期末市场汇价计算出折合的人民币余额。

第二，将折合的人民币余额与调整前的原账面人民币余额相比较，计算应调整的人民币余额的差额。

第三，根据应调整的人民币差额，确定发生的汇兑损益数额。

第四，编制会计分录，调整各外币账户的账面余额，并将由此产生的差额记入"财务费用"等科目。

案例分析 10-5：企业外币帐户会计期末余额调整的财务处理

某企业有关外币账户期末调整的资料见表 10-1：

表 10-1 期末外币账户调整计算表

外币科目	美元余额	期末汇价	调整后人民币余额	调整前人民币余额	差额
银行存款	1 000(借)	7.00	7 000（借）	7 100（借）	100（贷）
应收账款	500（借）	7.00	3 500（借）	3 450（借）	50（借）
应付账款	400（贷）	7.00	2 800（贷）	2 830（贷）	30（借）
短期借款	3 000(贷)	7.00	21 000(贷)	21 100(贷)	100（借）
合　计					80（借）

根据上述计算资料，企业应编制如下会计分录：

借：应收账款　　　　　　　　　　　　　　　　　　　50
　　应付账款　　　　　　　　　　　　　　　　　　　30
　　短期借款　　　　　　　　　　　　　　　　　　　100
　　贷：银行存款　　　　　　　　　　　　　　　　　100
　　　　财务费用　　　　　　　　　　　　　　　　　80

10.3.7　接受外币资本投资业务的会计核算

投入外币资本业务，主要是指投入资本的折合，即当投入资本与原注册资本或记账本位币不一致时，需要按一定汇率将投入资本折合为注册资本或记账本位币。在折合时，对有关资产账户，按收到出资额当日的市场汇价折合。对"实收资本"账户，合同有约定汇率的，按合同约定汇率折合，合同汇率与市场汇率的差额，作为资本公积处理；合同没有约定汇率的，应分别不同情况按下列方法处理：

（1）登记注册的货币与记账本位币一致时，按收到出资时的市场汇价折合，借记"银行存款（美元户）"，贷记"实收资本"。

（2）登记注册的货币与记账本位币不一致时，按企业第一次收到出资时的市场汇价折合；如果投资人分期出资的，则各期出资均应按第一次收到出资时的市场汇价折合。由于有关资产账户与实收资本账户所采用的折合汇率不同而产生的记账本位币差额，作为"资本公积"处理。

案例分析 10-6：接受外币资本投资业务的财务处理

某企业注册货币为美元，注册资本 100 万美元，记账本位币为人民币。按合同规定合资双方出资比例为 1：1，即中方出资 50 万美元，外方出资 50 万美元。依合同约定，中方投资分两次进行，第一次出资 30 万美元，当日的市场汇价为 ＄1＝￥6.90，第二次出资 20 万美元，当日的市场汇价为 ＄1＝￥6.95，则：

第一次出资时的会计分录如下：

借：银行存款（美元）　　　　（＄300 000×6.90）2 070 000

　贷：实收资本　　　　　　　　　　　　　　　　2 070 000

第二次出资时的会计分录为：

借：银行存款（美元）　　　　（＄200 000×6.95）1 390 000

　贷：实收资本　　　　　　　　　　　　　　　　1 380 000

　　资本公积——资本折算差额　（＄200 000×0.05）10 000

第11章 出纳工作的保障
——出纳查错与纠错

本章导读

　　财务工作需要做到准确无误，作为财务工作的一部分，基础出纳工作也要求做到准确无误。所以在日常工作中，出纳人员的工作态度和工作细致程度对工作成果十分重要。但是出纳工作本身非常烦琐，即使处处谨慎也难免会出现一些错误和纰漏。

　　所以对于基础出纳工作，认真细致的态度和有意识地防范是做好出纳工作，确保出纳账务准确无误的基础；同时定期审查账务及时发现并纠正差错也是确保出纳工作质量的重要环节。

　　本章重点介绍了错款和失款的定义、差错的类型及可能原因、常见会计差错；会计舞弊的定义及处罚；差错防范方法、查错纠错的方法；会计舞弊和应收账款舞弊的查证、会计账簿的检查。

11.1 出纳工作的常见错弊

11.1.1 错款和失款

1. 错款

错款，是指当日终了或经过一段时间，库存现金的实存数间和账存数的差额。如果现金实存数多于账上结存数，就叫"长款"；反之，则称"短款"。这些长、短款大都是由于工作造成的差错，因此应及时查清原因，正确处理。

2. 失款

失款，是指办完收付款后，发现现金实存数少于现金账存数的差额。失款一般属于人为损失或自然损失的款项。

出纳一旦在工作中发生错款或失款，不论是责任事故或意外事故，是人为原因或自身原因，都应立即向主管会计人员报告，如实反映情况，切勿因怕受牵连、受嫌疑或因工作有缺点而隐瞒、掩饰真相，甚至私下制造假象以图推卸责任。

出现差错后，出纳要积极采取有效措施，查明原因，以挽回或减少损失。

3. 错款和失款的处理

在实际工作中，一旦发生现金差错，出纳要采取措施，仔细查找，以挽回损失，更正错误。对确实无法挽回的损失，要在弄清情况的基础上，正确处理，具体的处理要求和方法为以下几点。

（1）属于技术性的错误和一般责任事故的错误，经过及时查找，确实无法找回时，按主要部门规定的审批手续处理。技术性错误是指在坚持财经制度的前提下，由于书写、计算、清点或机器故障等原因造成的错误。

（2）属于对工作不负责任，玩忽职守，有章不循，违反劳动纪律而造成的错款、失款，应追究失职人员的经济责任，视情节和损失程度的大小，赔偿全部或部分损失，有的还要给予行政处分。

（3）属于有关人员监守自盗款项，侵吞长款，挪用公款的，应按贪污案件处理。

（4）如发生火灾、水灾等自然灾害，应及时报请领导查看现场，将灾害发生的时间、地点，造成的损失等书面上报。

（5）由于不明原因，正在继续调查，一时难以处理的，应由责任人填具《出纳错款失款审批报告表》，经会计主管人员签署意见，单位领导批准后，列入有关账户挂账处理，但仍需继续清查，不能草率从事。

（6）各单位发生长短款时，都应在出纳账上进行记录。原因未明的，先记入"其他应付款——现金长款"或"其他应收款——现金短款"账户，已查明原因并经审批后，属本单位负责的，再记入财产溢余或损失。

总而言之，错、失款处理的基本原则是：长款不得溢库，短款不得空库，不得以长补短，也不能不做登记。

11.1.2　收、付款差错的产生原因

1. 收款中造成差错的原因

（1）一笔款未收完，又接着收第二笔，搞乱缴款者的款项。

（2）收款清点完毕，对券别加总数时不认真复核，以致发生加错金额、看错券别、看错大数、点错尾数等。

（3）桌子上的现金还没有收拾干净又收第二笔，或收入现金的抽屉里的分格箱没有放好丢在桌面上，把自己的款与他人的款混淆在一起，误作长款退给了他人。

（4）初点不符，复点相符，不再进行第三次核实，实际有误，就作无误收下。

（5）缴款者交来的现金零乱，只凭出纳人员初次清查计算的数目为准。

（6）忘记将应找补的现金还给缴款者。

（7）清点 10 张或 20 张的折叠钞票、只点平版的 9 张或 19 张，忽视了折起来的那张。

（8）用手工清点现金时贪快，有夹杂其中的不同票面额的票币未能发现。

（9）用机器点完一把钞票，拿起来捆扎时，没有看清接钞台上是否仍留有人民币，或人民币被卷入输送带未发现，以致产生一把多、一把少的现象。

2. 付款中造成的差错

（1）备用金的放置不定位，配款时取错券别，既不细看，又不复核，随手付出，或者凭证连同款项一起交给了收款人。

（2）小沓折叠钞票，每沓不固定，有时 10 张一沓，有时 20 张一沓，付出时不复点。

（3）未看清凭证上所列的付款金额数，粗心大意，随手付出。

（4）贪图方便，付款时不用算盘加计券别，单靠心算，以致出错。

11.1.3　记账凭证中常见错弊

1. 记账凭证的错误

（1）基本要素不全或填写不完整

主要是日期不写或写错、摘要过于简单或用语不准确。

（2）科目运用错误

没有正确运用有关会计科目，发生了科目运用错误、内容错误和对应关系错误等。

（3）记账凭证无编号

无编号是指对多份原始凭证没有按序排队编号，使各份凭证难以辨别彼此。

（4）记账凭证编号错误

编号错误是指虽然存在原始凭证编号但所排列的顺序混乱，难以窥视其相互关系。

（5）附件数量和金额错误

记账凭证所附原始凭证的张数和内容与记账凭证不符，或者各张原始凭证所记金额的合计数与记账凭证记录金额不符。

（6）印鉴错误

对已入账记账凭证未加盖有关印章，或者加盖不全，使已入账的凭证与未入账凭证难以区分；有效的记账凭证与出错作废的凭证难以区分；记账凭证中没有记账、审核等人员的签章。

2. 记账凭证中常见舞弊

（1）假账真做

它是指无原始凭证而以行为人的意志凭空填制记账凭证，或在填制记账凭证时，让其金额与原始凭证不符，并将原始凭证与记账凭证不符的凭证混杂于众多凭证之中。

（2）真账假做

舞弊者故意错用会计科目或忽略某些业务中涉及的中间科目，来混淆记账凭证对应关系，打乱查阅人的视线。

（3）障眼法

对记账凭证的摘要栏进行略写或错写，使人看不清经济业务的本来面目。舞弊者采用这种手法使记账凭证的摘要往往与原始凭证所反映的真实经济业务不符，或让摘要空出不写，或者粗粗写上让人不得要领的几个字，以达到掩饰和弄虚作假的目的。

11.1.4　账簿中的常见错弊

1. 账簿中的常见错误

会计账簿中错误主要存在于启用、设置、登记等环节。

（1）会计账簿启用错误

出现在会计账簿启用中的错误主要表现在以下几个方面：

①在账簿封面上未写明单位名称和账簿名称。

②在账簿扉页上未附"启用表"，或虽附有"启用表"，但所列内容不齐全、不完整。

③会计人员调动工作时，未按规定在账簿中注明交接人员、监交人员的姓名或未加签章，无法明确有关责任。

④启用订本式和活页式账簿时，未按规定对其编订页数等。

（2）会计账簿设置错误

会计账簿设置错误主要表现在以下几个方面：

①账簿形式设计不合理。包括装订形式、账页的尺寸、账页划线、印刷颜色及账页用纸等不合理。

②账簿设计不齐全。任何单位必须设置数量能满足需要的总账，对现金和银行存款必须设置日记账，对需要提供详细经济活动情况的总账，还必须在其下设置能够满足需要的明细账。另外，根据工作需要，还应设置若干备查簿，以反映一些特殊的不能在正规账簿进行反映的经济事项。在实际工作中存在着账簿设置不齐全的问题主要包括：

◇未设置应有的总账。

◇未设置应有的明细账，或明细账的分类不合理。

◇未设置必须的备查簿或设置项目不全等。

◇所设置的账簿未能很好地形成一个账簿体系。

（3）会计账簿登记错误

会计账簿登记错误主要包括以下几个方面的内容：

①登记的方式不合理。明细账一般是根据记账凭证和原始凭证登记的，而总账要根据所采用的会计核算形式的不同而选择要根据什么进行登记。在实际中存在着所采用的核算形式、登记总账的依据不合理、不能满足生产经营管理需要的问题。

②账簿摘要不合理。一种是摘要过于简略或表达不清，使人不能明白到底是什么业务；另一种是摘要虽然写得很好，但所反映的经济业务不合理、不合法。

③登记不及时。

④账簿中书写的文字和数字所留空距不合理。

⑤登记账簿所用笔墨不合要求。

⑥登记中发生跳行、隔页的情况。

⑦未按规定结出账簿中账户的余额。

2. 账簿中的常见舞弊

账簿上常见的舞弊形式有以下几方面。

（1）无据记账，凭空记账

账簿中所列的业务不是根据经审核无误的原始凭证填制记账凭证逐笔登录的，而是凭空捏造出来的，或者在合法的凭证中插入一些不合法的业务内容。

（2）涂改、销毁、"遗失"、损坏账簿

如用类似涂改凭证的方法来篡改有关账簿，有的则制造事故，造成账簿不慎被毁的假相，从而将不法行为掩盖于一般的过失当中，使查账人员的线索中断。

（3）设置账外账

一个企业建立两套或三套账，一套用于内部管理（对外不公开），一套用于应付外来部门的检查。从而根据自己的需要做出对外公布的一套账。

（4）登账、挂账、改账、结账作假

①登账作假。就是不按照记账凭证的内容和要求记账，而是随意改动业务内容，或故意使用错误账户，使借贷方科目弄错，混淆业务应有的对应关系，以掩饰其违法乱纪的意图。

②挂账作假。就是利用往来科目和结算科目将经济业务不结清到位而是挂在账上，或将有关资金款项挂在往来账上，等待时机成熟再回到账中，以达到"缓冲"、不露声色和隐藏事实真相之目的。

③改账作假。就是对账簿记录中发生的错误不按照规定的改错办法，而是用非规范的改错方法进行改错，或者利用红字"改错"随意对账户中的记录进行加减处理，如利用红字改变库存数、冲销材料成本差异数、无据减少销售数额等，以达到其违法乱纪之目的。

④结账作假。就是在结账及编制报表的过程中，通过提前或推迟结账、结总增列或结总减列和结账空转等手法故意多加或减少数据，虚列账面金额；或者为了人为地把账做平，而故意调节账面数据，以达到其掩饰或舞弊的目的。

（5）利用计算机舞弊

随着计算机会计系统的普及，计算机舞弊正被日益关注。其主要的作案手法是在实现计算机会计核算的单位，利用计算机的知识和经验，在系统程序中设置陷阱，篡改程序，篡改输入，篡改文件和非法操作等。

11.1.5 应收账款中的错弊

应收账款业务，是指形成的应收账款能够收回的经济业务。应收账款业务会计核算的漏洞及错弊主要表现在以下几个方面。

1. 应收账款的回收期过长

应收账款从形成到收回有一个时间间隔，这个时间间隔就是应收账款的回收期，该回收期的长短应是合理而正常的。一般说来，应收账款的回收期越短越好，说明资金的周转速度越快，有利于提高企业的经济效益；反之，应收账款的回收期越长，说明企业的资金周转速度越慢，不利于搞好企业的经营管理，提高经济效益，甚至影响企业的生产或经营活动的正常进行。在实际中存在着应收账款的回收期过长的问题。如有的企业应收账款回收期比正常的、合理的回收期或比同类企业的平均回收期高出 50% 甚至 1 倍。

2. 应收账款平均余额过大

应收账款平均余额与应收账款回收期一样，其数值越大，越不利于加快资金的周转，据以计算应收账款周转率就越不理想，也就越不利于企业搞好经营管理，提高经济效益。在实际中存在着应收账款余额过大的问题，以致影响了企业正常的生产和经营活动。

3. 应收账款周转率不理想

应收账款周转率，是一定时期内商品或产品赊销净额与应收账款平均余额的比率。它可以用应收账款周转次数表示，也可以将次数换算成天数来表示。一定时期内周转的次数越多或周转一次需要的天数越少，说明应收账款的周转速度越快，应收账款的周转率也就越理想。在实际中存在应收账款周转速度慢，以致影响企业的正常生产或经营活动等问题。

4. 列作应收账款的经济事项不合理、不真实、不合法等

列作应收账款的经济业务，必须是真实正确的销售商品或产品、材料等或计提劳务后应收而尚未收取货款或劳务费的业务。在实际中存在着利用"应收账款"账户从事舞弊活动，列作应收账款的经济业务不真实、不合理、不合法的问题。

5. 对坏账损失的会计处理方法不合理

对坏账损失的会计处理方式主要有备抵法和直接转销法两种。

（1）备抵法

企业按期预估可能产生的坏账损失，单列入当期费用，形成坏账准备，当实际发生坏账损失时再冲销坏账准备和应收账款。

（2）直接转销法

企业平时不预估形成坏账准备，当实际发生坏账损失时直接从应收账款中转销列作费用。

按照现行财务制度规定，企业既可以采用备抵法，也可以采用直接转销法。但所采用的方法必须符合本企业的实际情况，即如果企业发生坏账损失很不均衡，且金额较大，就采用备抵法，否则，可采用直接转销法。

11.1.6　出纳工作最易出错的几个阶段

1. 刚上班时

刚上班时，由于精力尚未完全集中，或者准备工作尚未完全做好，就开始收付款项，有时东翻西找、手忙脚乱最终可能导致错款。

2. 快下班时

快下班时，出纳人员因急于离岗，未将现金按规定要求整理、核对和结扎就随便地放入保险箱。

3. 业务较多时

收付业务较多时，因急于想完成工作或精神过于紧张，此时很容易出现差错。

4. 工作清闲时

工作清闲时，出纳人员有时与别人聊天或做私活或看书等，此时如发生个别收付款业务，往往会因思想不集中、注意力分散而出现差错。

5. 节假日前后

节前等待放假，节后又难以平静，工作松懈，思想涣散，此时非常容易出现差错。

11.1.7　什么是会计舞弊

会计舞弊，是指会计人员或有关当事人为窃取资财而用非法手段进行会计处理的不法行为。会计舞弊与会计错误有本质的不同，会计错误的当事人并无不良动机和企图；而会计舞弊的当事人却是抱着恶意的、不良的企图，并采用伪装、涂改、销毁等违法手段造成不良后果。

1. 会计舞弊的种类

通常情况下，会计舞弊的情况有下列几种：

（1）某个会计人员或几个会计人员合谋，为达不良目的而进行非法的会计处理。

（2）部门负责人指使会计主管人员为个人或部门私利而进行非法的会计处理。

（3）单位职工或其他有关人员利用会计内部控制制度不健全而进行非法的会计处理。

假账和会计舞弊对于许多企业的领导层来说都是一件很头痛的事情，而且假账对于企业的危害也是非常严重的。如何有效地识别、查处并防止本单位假账的发生，也是摆在领导层面前的一个严重问题。

2. 如何识破会计舞弊

（1）明确产生假账的环节（纵向思路）

假账毕竟是假的，只要仔细琢磨，就不难发现：一般情况下，会计人员要想舞弊，就会在会计信息产生的环节上做手脚。下面是对会计假账产生环节的简要介绍，旨在帮助领导层发现和查找会计舞弊问题的思路。

①填制原始凭证环节。原始凭证是会计信息产生的最初来源，当企业发生一项业务时，会计人员或相关记录人员应该把这项经济业务的数量、单价、金额等内容逐一反映清楚。但由于原始凭证具有数量多、内容琐碎、金额大小不等的特点，有关人员可能会在原始凭证中作弊。有些管理者往往忽略这些种类繁多的原始凭证，放纵了舞弊行为的发生。

②交接凭证环节。企业经济业务发生后，业务人员与会计人员交接凭证，这同样是一个容易舞弊的环节。如舞弊人员会虚增品种或项目、涂改单

价，或者在凭证汇总时加计错误等，这些情形都会造成舞弊的发生。

③填写计账凭证环节。依据原始凭证填写计账凭证时，舞弊人员会故意修改摘要、变换科目等，造成舞弊事实。

④登账环节。登账是根据计账凭证登记账簿，舞弊问题会出在舞弊人员对真实账项的篡改、销毁与藏匿上。

⑤编制报表环节。编制报表是加工产生会计信息的最后一个环节，会计报表复杂的结构，繁多的数据为舞弊者提供可乘之机。鉴于报表本身的重要性，会计报表舞弊具有极大危害性，它不单是掩盖了舞弊事实本身，还更加影响了企业经营管理的决策与发展。

（2）关注异常情况（横向思路）

明确假账产生的环节，是从纵向来挖掘查找舞弊的思路，现在我们指导经理人从横向思路分析会计舞弊问题，也就是分析会计信息的若干个构成要件：异常数据、异常内容、异常科目。

①异常数据。一般来说，企业任一项业务支出都有一个大致范围，如企业每月办公费用 3 000 ～ 5 000 元、销售费用 8 000 ～ 10 000 元等，各项支出一般在这个范围内上下波动，如果发现某一支出本期突然增加，就应引起高度重视。

②异常内容。企业在开展业务时，在被许可的经营范围内会有比较稳定的往来客户。如企业原材料、商品的供应商、公司产品的购买商等。

正是由于企业经营范围的限制和客户的稳定性，会计信息所反映的内容也是有一定范围的。

当我们发现异常的客户、异常的地点和异常的业务，就要对这些异常内容引起重视。因为企业同稳定客户之间有良好的业务关系，在这些业务中作弊很难，所以这些异常项目常常是舞弊的焦点。

③异常科目。企业记账时要遵循科目对应的原则，如"产成品"科目对应"生产成本"科目和"产品销售成本"科目等。

如果发现了不对应的会计科目，就应查出这种错误产生的原因，分析是人为失误还是故意舞弊。

11.2 如何纠错

11.2.1 如何防范差错

1. 严格执行钱账分管制度

出纳人员不登记会计记录，非现金出纳人员一律不得经手现金。建立健全现金收支和票证管理制度，现金收取使用统一规定的收款凭证，并及时全额入账，严禁收入不上账或截留收入，私设"小金库"；现金开支要由分管财务的领导审批，严禁坐支、挪用、公款私存，库存现金不得超过规定限额；加强票证管理，严禁"出卖"账户、出借支票和擅自签发空白转账支票。

2. 认真填写支票

出纳人员填写支票要认真，做到字迹清晰，数码规范，大写前不留空，小写前注明￥，避免给坏人以可乘之机；编制记账凭证，要按原始单据的自然张数填写附件张数，并用胶水粘牢，以防脱落和避免原始单据被别有用心的人抽掉销毁、嫁祸于人；领款、借款要严格履行手续，领款必须有领款人签字盖章，借款必须由借款人立据、签字盖章并经分管财务领导审批。

3. 做到"三勤、三心"

由于出纳工作是一项繁忙而又细致的工作，出纳人员要真正做好这一工作，必须做到"三勤、三心"。

（1）"三勤"

"三勤"主要包括以下三个方面的内容：

①业务生疏要勤问，重要业务工作勤向领导汇报。

②经办业务要手勤，做到填单认真、点钞准确、记账及时、手续清楚，尤其对每一笔收付业务，要按照时间先后逐笔记好现金日记账和银行存款日记账，并及时盘点现金，做到日清月结，账款相符。

③联系银行要腿勤，每天超过规定限额的结存现金要及时送存银行，经常与银行核对存款账目，一旦发现错账，应及时弄清情况，迅速更正。

（2）"三心"

所谓"三心"主要包括以下三个方面的内容：

①学习业务要虚心，不懂的问题要虚心请教，不要不懂装懂。

②办理业务要细心，每一笔收付业务都要亲自过手、过目，辨别真伪，严格把关，避免粗心大意造成差错。

③日常工作要有责任心，任何时候都要保持高度警惕，谨慎从事，尤其对现金、凭证、支票、存折、印鉴等要妥善保管，防止遗失、被盗、被骗而酿成大祸。

4. 主动接受监督

出纳人员要主动接受会计人员的监督，主动为现金盘库提供条件，对账时主动为会计人员报出现金库存数，只有这样，才能检查出账款是否真正相符以及避免不必要的失误。另外，各单位要加强审计监督，平时对财务收支要进行定期或不定期的检查、审计，年终进行全面清理审计，对检查、审计中发现的问题，要区别情况，及时处理。

11.2.2　查错的方法

在日常的会计核算中，发生差错的现象时有发生。如果发现错误，采取的措施有：一是要确认错误的金额；二是要确认错在借方还是贷方；三是根据产生差错的具体情况，分析可能产生差错的原因，采取相应的查找方法，便于缩短查找差错的时间，减少查账工作量。

查找错误的方法有很多，现将常用的几种方法介绍如下。

1. 顺查法

顺查法，又称作正查法，是按照账务处理的顺序，从原始凭证、账簿、编制会计报表全部过程进行查找的一种方法。即首先检查记账凭证是否正确，然后将记账凭证、原始凭证同有关账簿记录一笔一笔地进行核对，最后检查有关账户的发生额和余额。

这种检查方法，可以发现重记、漏记、错记科目、错记金额等。这种方法的优点是查的范围大，不易遗漏；缺点是工作量大，需要的时间比较长。所以在实际工作中，一般是在采用其他方法查找不到错误的情况下采用这种方法。

2. 逆查法

逆查法，又称作反查法，它与顺查法相反，是按照账务处理的顺序，从会计报表、账簿、原始凭证的过程进行查找的一种方法。即先检查各有关账户的余额是否正确，然后将有关账簿按照记录的顺序由后向前同有关记账凭证或原始凭证进行逐笔核对，最后检查有关记账凭证的填制是否正确。

这种方法的优缺点与顺查法相同。所不同的，是根据实际工作的需要，对由于某种原因造成后期产生差错的可能性较大而采用的。

3. 抽查法

抽查法，是对整个账簿记账记录抽取其中某部分进行局部检查的一种方法。当出现差错时，可根据具体情况分段、重点查找。将某一部分账簿记录同有关的记账凭证或原始凭证进行核对。还可以根据差错发生的位数有针对性地查找。如果差错是角、分，只要查找元以下尾数即可；如果差错是整数的千位、万位，只需查找千位、万位数即可，其他的位数就不用逐项或逐笔地查找了。这种方法的优点是范围小，可以节省时间，减少工作量。

4. 偶合法

偶合法，就是根据账簿记录差错中经常遇见的规律，推测与差错有关的记录而进行查找的一种方法。这种方法主要适用于漏记、重记、错记的查找。

（1）漏记的查找

①总账一方漏记。在试算平衡时，借贷双方发生额不平衡，出现差错，在总账与明细账核对时，会发现某一总账所属明细账的借（或贷）方发生额合计数大于总账的借（或贷）方发生额，也出现一个差额，这两个差额正好相等。而且在总账与明细账中有与这个差额相等的发生额，这说明总账一方的借（或贷）漏记，借（或贷）方哪一方的数额小，漏记就在哪一方。

②明细账一方漏记。在总账与明细账核对时发现总账已经试算平衡，但

在进行总账与明细账核对时，发现某一总账借（或贷）方发生额大于其所属各明细账借（或贷）发生额之和，说明明细账一方可能漏记，可对该明细账的有关凭证进行查对。

③如果整张的记账凭证漏记，则没有明显的错误特征，只有通过顺查法或逆查法逐笔查找。

（2）重记的查找

①总账一方重记。在试算平衡时，借贷双方发生额不平衡，出现差错；在总账与明细账核对时，会发现某一总账所属明细账的借（或贷）方发生额合计数小于该总账的借（或贷）方发生额，也出现一个差额，这两个差额正好相等，而且在总账与明细账中有与这个差额相等的发生额记录，说明总账借（或贷）方重记，借（或贷）方哪一方的数额大，重记就在哪一方。

②如果明细账一方重记，在总账与明细账核对时可以发现。总账已经试算平衡，与明细账核对时，某一总账借（或贷）方发生额小于其所属明细账借（或贷）方发生额之和，则可能是明细账一方重记，可对与该明细账有关的记账凭证查对。

③如果整张的记账凭证重记账，则没有明显的错误特征，只能用顺查法或逆查法逐笔查找。

（3）记反账的查找

记反账，是指在记账时把发生额的方向弄错，将借方发生额记入贷方，或者将贷方发生额记入借方。总账一方记反账，则在试算平衡时发现借贷双方发生不平衡，出现差额。这个差额是偶数，能被 2 整除，所得的商数则在账簿上有记录，如果借方大于贷方，则说明将贷方错记为借方；反之，则说明将借方错记为贷方。如果明细账记反了，而总账记录正确，则总账发生额试算是正确的，可用总账与明细账核对的方法查找。

（4）错记账的查找

在实际工作中，错记账是指把数字写错，常见的有两种：

①数字错位。即应记的位数不是前移就是后移，即小记大或大记小。如果是大变小，在试算平衡或者总账与明细账核对时，正确数字与错误数字的差额是一个正数，这个差额除以 9 后所得的商与账上错误的数额正好相等。

查账时如果差额能够除以 9，所得商恰好是账上的数，可能记错了位。如果是小变大，在试算平衡或者总账与明细账核对时，正确数与错误数的差额是一个负数，这个差额除以 9 后所得商数再乘以 10，得到的绝对数与账上错误恰好相等。查账时应遵循：差额负数除以 9，商数乘以 10 的数账上有，可能记错了位。

②错记。错记是在登记账簿过程中的数字误写。对于错记的查找，可根据由于错记而形成的差数，分别确定查找方法，查找时不仅要查找发生额，同时也要查找余额。

11.2.3　纠错的方法

如果发现账簿记录有错误，应按规定的方法进行更正，不得涂改、挖补或用化学试剂消除字迹。更正错误的方法有三种。

1. 划线更正法

划线更正，又称红线更正。如果发现账簿记录有错误，而其所依据的记账凭证没有错误，即纯属记账时文字或数字的笔误，应采用划线更正的方法进行更正。

更正的方法是：将错误的文字或数字划一条红色横线注销，但必须使原有字迹仍可辨认，以备查考；然后，在划线的上方用蓝字或黑字将正确的文字或数字填写在同一行的上方位置，并由更正人员在更正处盖章，以明确责任。

采用划线更正法进行错账更正时应注意：对于文字差错，可只划错误的部分，不必将与错字相关联的其他文字划去，对于数字差错，应将错误的数额全部划上。如果发现账簿记录有错误，应按规定的方法进行更正，不得涂改、挖补或用化学试剂消除字迹。

2. 补充登记法

补充登记，又称蓝字补记。根据记账凭证所记录的内容记账以后，发现记账凭证中应借应贷的会计科目和记账方向都没有错误，记账凭证和账簿记录的金额相吻合，只是所记金额小于应记的正确金额，应采用补充登记法。

更正的方法是，将少记的金额用蓝字或黑字填制一张与原错误记账凭证所记载的借贷方向、应借应贷会计科目相同的记账凭证，并据以登记入账，以补记少记金额，求得正确金额。

案例分析 11-1：补充登记法的应用

用银行存款 40 000 元购买原材料，在填制记账凭证时，误记金额为 4 000 元，但会计科目、借贷方向均无错误，其错误记账凭证所反映的会计分录为：

借：原材料 4 000

　贷：银行存款 4 000

在更正时，应用蓝字或黑字编制如下记账凭证进行更正：

借：原材料 36 000

　贷：银行存款 36 000

错误的记账凭证以蓝字或黑字记账更正后，即可反映其正确的金额为 40 000 元。

如果记账凭证中所记录的文字、金额与账簿记录的文字、金额不符，应首先采用划线法更正，然后用补充登记法更正。

3. 红字更正法

红字更正，又称红字冲销。在会计上，以红字记录表明对原记录的冲减。红字更正适用于以下两种情况：

第一种情况：根据记账凭证所记录的内容记账以后，发现记账凭证中的应借、应贷会计科目或记账方向有错误，且记账凭证同账簿记录的金额相吻合，应采用红字更正法。更正的方法是：先用红字填制一张与原错误记账凭证内容完全相同的记账凭证，并据以用红字登记入账，冲销原有错误的账簿记录；然后，再用蓝字或黑字填制一张正确的记账凭证，据以用蓝字或黑字登记入账。下面举例说明采用复式记账凭证情况下更正错账的方法。

第二种情况：根据记账凭证所记录的内容记账以后，发现记账凭证中应借、应贷的会计科目、记账方向都没有错误，记账凭证和账簿记录的金额相吻合，只是所记金额大于应记的正确金额，应采用红字更正法。更正的方法是，将多记的金额用红字填制一张与原错误记账凭证所记载的借贷方向、应借应贷会计科目相同的记账凭证，并据以登记入账，以冲销多记金额，求得正确金额。

案例分析 11-2：红字更正法的应用（一）

以现金支付下年度报刊杂志费 800 元，在填制记账凭证时误记入"银行存款"科目，并据以登记入账，其错误记账凭证所反映的会计分录为：

借：待摊费用　　　　　　　　　　　　　　　　　　800
　　贷：银行存款　　　　　　　　　　　　　　　　800

该项分录应贷记"现金"科目。在更正时，应用红字（在本书中，如无特殊的说明，用带框的数字表示红字记录）金额编制如下记账凭证进行更正：

借：待摊费用　　　　　　　　　　　　　　　　　 800
　　贷：银行存款　　　　　　　　　　　　　　　 800

错误的记账凭证以红字记账更正后，表明已全部冲销原有错误记录，然后用蓝字或黑字填制如下正确分录，并据以登记入账：

借：待摊费用　　　　　　　　　　　　　　　　　　800
　　贷：现金　　　　　　　　　　　　　　　　　　800

案例分析 11-3：红字更正法的应用（二）

用银行存款 3 600 元购买办公用品，在填制记账凭证时，误记金额为 36 000 元，但会计科目、借贷方向均无错误，其错误记账凭证所反映的会计分录为：

借：管理费用　　　　　　　　　　　　　　　　36 000
　　贷：银行存款　　　　　　　　　　　　　　36 000

在更正时，应用红字金额 32 400 元编制如下记账凭证进行更正：

　　借：管理费用　　　　　　　　　　　32 400

　　　贷：银行存款　　　　　　　　　　　32 400

　　错误的记账凭证以红字记账更正后，即可反映其正确金额为3 600 元。

　　如果记账凭证所记录的文字、金额与账簿记录的文字、金额不符，应首先采用划线法更正，然后用红字冲销法更正。

11.2.4　如何查证会计舞弊

1. 查证会计舞弊的措施

（1）会计凭证舞弊

　　对此项错弊的查证思路和方法是：审阅或重点抽查一部分会计凭证，看其在数字书写上是否符合规定，如有不符合规范之处，应对其进一步查证。若是一般性会计错误，通过有关当事人（如制定人员）调查询问便可查证；若是会计舞弊，还应通过账证、证证、账实等方面的核对，对有关问题进行鉴定、分析来查证问题。如对于在数字前后添加数字进行贪污问题，就需要对所发现的有添加数字的痕迹进行技术鉴定，从而查证问题。

　　对于此类错弊，可通过审阅，核对会计凭证发现疑点，查证问题。如属会计错误，只需通过审阅会计凭证的名称发现问题；如属会计舞弊，则需在审阅凭证名称发现疑点后进行名称与所反映经济业务内容的分析比较，进行原始凭证与记账凭证或原始凭证之间的核对，从而查证问题。

　　如果会计凭证不编号，则会计舞弊的机会可能性会加大，查证这种舞弊实属不易。如果会计凭证有编号，则查弊的切入点便在于会计凭证编号的连续性，若凭证号码不连续，则应据此进行深入调查。

（2）会计账簿舞弊

　　对于账簿启用问题，查证只要审阅被检查单位每个账簿中扉页记录内容和账簿中所有账页数编写情况，便可查证或发现问题疑点。

　　对于会计账簿登记中的错弊，可按照下列方法查证：

　　①查阅会计账簿的登记内容，检查其有无按规定登记问题，如登记账簿时使用的笔墨正确与否，登记账簿有无跳行、隔页的情况。

②检查制账人在账簿上留下的记账标志和相关签章，明确会计责任，查找遗留问题。

③核对账证记录，检查账簿是否根据审核无误的会计凭证登记的，有无账证不符问题。

（3）会计报表舞弊

对于会计报表编制的舞弊，可按以下几种方法进行查证：

①核对会计报表与会计账簿中的对应数字，检查数据真实性。

②对利润表中的各个指标进行复核性计算，以评价其准确性。

③审阅报表附注，分析会计报表内容是否完整。

2. 计算机舞弊的防范

（1）完善计算机安全与犯罪的法制建设

法制建设与实施是对付计算机犯罪行为的有力措施：

①要建立计算机系统本身安全的保护法律，使计算机安全措施法律化、制度化、规范化。

②建立针对计算机犯罪活动的法律，惩治违法者，保护受害者。

（2）建立健全有效的内部控制系统

使用计算机进行数据处理的单位，都应建立和健全电子数据处理内部控制系统。完善的内部控制系统应具有有效的一般控制和应用控制措施。一般控制的重点是对系统的接触控制和程序控制，应用控制的重点是输入控制。

（3）发挥审计的作用

查错防弊是审计的目的之一。审计人员通过开展计算机系统的事前审计，对内部控制系统的完善性、系统的可审性及系统的合法性作出评价，以保证系统运行后数据处理的真实、准确，防止和减少舞弊行为的发生；通过定期的对计算机内部控制系统的审查与评价，促进企业加强和完善内部控制；通过对计算机系统的事后审计，对系统的处理实施有效的监督。

（4）加强技术性防范

技术性自我保护是发现和预防计算机舞弊的有效措施。设置专门的安全控制程序，如对账目或重要文件采用读写保护或编码时间锁定，对被保护数据资源的存取操作进行详细记录和跟踪检测。

（5）提高人员素质

加强职业道德教育，严明职责，提高使用计算机系统人员的素质，对预防计算机舞弊事件的发生有积极的作用。

会计电算化的广泛应用，给企业的财务管理带来了很大的变化，同时也给企业财务人员提出了一个新的要求，即不仅应当具备丰富的理财知识，还必须具备一定的计算机知识。

11.2.5　如何检查账簿

对账簿分析检查的具体方法有多种形式，大致有以下几种。

1. 复核法

即对会计账簿的记录及合计进行重复的验算，以证实会计记录中计算的准确性。

2. 审阅法

即以国家的方针、政策、法令、制度、规定作为依据，通过审查性过目，检查分析有关账簿资料的真实性、合法性和合规性，视其有无差错、疑点和弊端。审阅法的适用性较广，在查账工作中经常运用。该方法的运用成功与否在较大程度上取决于查账人员自身的观察能力、分析能力和判断能力，取决于其经验水平。

3. 核对法

核对法是指对账簿记录（包括相关资料）两处或两处以上的同一数值或有关数据进行互相对照，旨在查明账账、账证、账实、账表是否相符，以便证实账簿记录是否正确，有无错账、漏账、重账，揭露营私舞弊、违法乱纪行为。核对法在查账工作中运用也十分广泛，查账人员常常用之来发现疑点，取得证据，为进一步审查查证提供线索。核对法可由两人合作进行，也可由一人单独进行。通常运用核对法分析检查的内容有：

（1）核对凭证与账簿记录、账簿与账簿记录（总账与明细账）、账与报表记录、账与卡、账与实之间的数额是否相符。

（2）核对总分类账借方余额账户的合计数同贷方余额账户的合计数是否相符。

（3）核对账外账单，如银行对账单、客户往来清单等，同本单位有关账目的数据是否相符。

（4）核对原定的预算、指标、定额、承包基数等同实际用以考核的预算、指标、定额和承包基数是否相符。

（5）核对生产记录、发货托运记录、原材料消耗记录、产成品入库记录、废次品记录、考勤记录等同相应的账簿记录所反映的内容、数额是否相等。

（6）核对销售合同、外加工合同、联营合同等所记载的内容与金额，同有关账簿记录所反映的内容、金额是否相符。

4. 核实法

核实法是核对法的特例，指将账簿资料与实际情况进行对照，用以验证账实之间是否相符，并取得书面证据的一种方法。核实法主要用以核对账户记录，并结合盘点方法所获取的实物证据，进行账簿资料与现实物资之间的对照。核实的重点是盘存类账户，如现金、原材料、燃料、产成品等，此外，还有盘存类账户中银行存款、其他货币资金及其结算类账户中的应收、应付、暂收、暂付等，也可以用此法核对分析。

5. 调节法

调节法是指为了检查账簿中某些业务，而事先对其中某些因素进行增减调节，以使其相关可比的一种查账方法。因为在被查单位各类账簿中记录着各种业务，由于其记录业务的角度和方式不同，账簿与账簿之间、业务与业务之间可能存在着差异，有时不具有可比性。另外，查账人员检查账簿的时点与被查单位做账的时点不同，两者面对的资料数据也可能存在差异，这些都影响着账项的比较查对，因此需要采用调节法对此进行处理，以使其对口且具有可比性。

6. 各种查账分析方法

各种查账分析方法包括账户分析法、比较分析法、比率分析法、相关分析法、平衡分析法、分组分析法、因素分析法、推理分析法、图表分析法、差额分析法、量本利分析法、价值分析法、预测分析法等。

11.2.6　如何查证应收账款舞弊

1. 查证企业在销售环节中的内部控制

（1）企业销售商品或提供劳务后，将债权转入应收账款的批准程序。

（2）为购货方代垫费用支付现金或银行存款的批准程序。

（3）与购货方对账制度及对账单签发手续等。

2. 查证有关销货发票

了解有无销售折扣与折让情况，看其与"应收账款""产品销售收入"等账户记录是否一致，以弄清是否存在以净价法入账而导致应收账款入账金额不实等问题。

3. 查证应收账款平均余额

分析应收账款账龄，计算应收账款周转率，并同该行业平均周转率比较，看是否存在周转太慢、回收期过长的问题，并进一步调查是否因款项收回后挂账或私分所致。

4. 查阅明细账及凭证

看是否存在列作应收账款的经济事项不真实、不合理、不合法的情况。问题发生后，其线索或疑点表现在以下几个方面：

（1）反映在"商品销售收入"和"应收账款"账户中的虚假金额，与正常的经济业务金额比较可能表现为异常，如金额过大、精确度过大等。

（2）会计凭证可能只有记账凭证，没有原始凭证；或虽有原始凭证，但内容不全、不真实等，表现为账证不符。

（3）所虚设的应收账款，可能只记入了"应收账款"总账，未虚设虚记明细账或未在其他明细账中虚记，表现为应收账款与所属明细账不相符。

（4）所虚设的应收账款，可能既记入了总账，也记入了虚设的或其他的明细账中。这样尽管总账与明细账是平衡的，但该企业所记录的这些内容与实际或对方客户"应付账款"账上的对应内容不相符，表现为两个单位间的账账不符。

5. 查证企业备抵法运用是否正确

应运用审阅法、复核法检查被查单位坏账准备计提是否正确、合规，有无多提、少提或人为地调节利润水平的问题。

审阅"坏账准备"账户借方记录，来发现和查证有无发生坏账损失后多冲或少冲坏账准备，以此调节"应收账款"账户内的内容，从而达到利用"应收账款"账户舞弊的目的的问题。根据发票、收据的号码不连续和调查询问所掌握的情况，审阅核对"坏账准备"账户的贷方记录内容，来查证收回已经核销的坏账未入账而将其私分或存入"小金库"的问题。

第12章 出纳工作的延续
——出纳交接

本章导读

　　按规定，出纳人员因故不能在原出纳岗位工作时，必须按有关规定和要求办理好工作的交接手续，做好移交工作。通过交接工作，可以使出纳工作前后衔接，明确工作责任，便于接办的出纳人员熟悉工作，也有利于发现和处理出纳工作和资金管理工作中存在的问题，预防经济责任事故与经济犯罪的发生。为此出纳人员应了解出纳交接工作前的相关准备、交接内容和流程等，确保企业出纳岗位工作的持续进行。

　　本章重点介绍了出纳交接的定义、内容；移交前的准备工作、交接阶段的工作、交接结束后的工作；出纳交接的相关责任、应注意的问题和工作移交表的内容。

12.1　出纳工作的交接

12.1.1　什么是出纳工作交接

出纳工作交接是指出纳人员因调动工作或者离职等原因，由离任出纳人员将有关工作和资料移交给继任出纳人员的工作过程。出纳人员因工作调动或者其他原因离职，必须将本人所经管的出纳工作全部移交给接替人员。没有办清交接手续的，不得调动或者离职。通过交接可以明确移交人员与接管人员的责任，便于继任出纳熟悉工作，做到出纳工作前后衔接。

出纳工作交接要做到两点：一是移交人员与接管人员要办清手续；二是交接过程中要有专人负责监交。交接要求进行财产清理，账账核对，账款核对；交接清理后要填写移交表，将所有移交的票、款、物编制详细的移交清册，逐册向接交人点清；然后由出交方、接交方、监督方三方签字盖章，同时将移交表存入会计档案。

12.1.2　需要进行出纳工作交接的几种情况

出纳人员办理交接手续主要有以下几个方面的原因：

（1）出纳人员辞职或离开原单位。

（2）企业内部工作变动不再担任出纳职务。

（3）出纳岗位轮岗调换到会计岗位。

（4）出纳岗位内部增加工作人员进行重新分工。

（5）因病假、事假或临时调用，不能继续从事出纳工作。

（6）因特殊情况如停职审查等按规定不宜继续从事出纳工作的。

（7）企业因其他情况按规定应办理出纳交接工作的，如企业解散、破产、兼并、合并、分立等情况发生时，出纳人员应向接收单位或清算组移交的。

12.1.3　出纳工作交接的内容

出纳交接的具体内容根据各单位的具体情况而定，情况不一样，移交的内容也不一样。但总体来看，出纳的交接工作，主要包括以下一些基本内容。

1. 财产与物资

（1）会计凭证（原始凭证、记账凭证）。

（2）会计账簿（现金日记账、银行存款日记账等）。

（3）相关报表（出纳报告等）。

（4）现金、银行存款、金银珠宝、有价证券和其他一切公有物品。

（5）用于银行结算的各种票据、票证、支票簿等。

（6）各种发票、收款收据。包括空白发票、空白收据、已用或作废的发票或收据的存根联等。

（7）印章，包括财务专用章、银行预留印鉴以及"现金收讫""现金付讫""银行收讫""银行付讫"等业务专用章。

（8）各种文件资料和其他业务资料，如银行对账单，应由出纳人员保管的合同、协议等。

（9）办公室、办公桌与保险工具的钥匙，各种保密号码。

（10）本部门保管的各种档案资料和公用会计工具、器具等。

（11）经办未了的事项。

2. 电算化资料

实行会计电算化的单位，还应包括以下内容：

（1）会计软件。

（2）密码、磁盘、磁带等有关电算化的资料、实物。

3. 业务介绍

（1）原出纳人员工作职责和工作范围的介绍。

（2）每期固定办理的业务介绍，如按期交纳电费、水费、电话费的时间等。

（3）复杂业务的具体说明，如交纳电话费的号码、台数等，银行账户的开户地址、联系人等。

（4）历史遗留问题的说明。

（5）其他需要说明的业务事项。

12.1.4 出纳工作交接的作用

《会计法》第 41 条规定："会计人员调动工作或者离职，必须与接管人员办理交接手续。一般会计人员办理交接手续，由会计机构负责人（会计主管人员）监交。"出纳交接要按照会计人员交接的要求进行。出纳人员调动工作或者离职时，与接管人员办清交接手续，是出纳人员应尽的职责，也是分清移交人员与接管人员责任的重大措施。办好交接工作，可以使出纳工作前后衔接，可以防止账目不清、财务混乱。

出纳人员必须按有关规定和要求办理好工作的交接手续，搞好工作的移交。出纳工作交接的作用主要有以下几点：

（1）可以明确工作责任。

（2）便于接办的出纳人员熟悉工作。

（3）有利于发现和处理出纳工作和资金管理工作中存在的问题。

（4）预防经济责任事故与经济犯罪的发生。

12.2 出纳工作交接的程序

12.2.1 移交前的准备工作

为了使出纳工作移交清楚，防止遗漏，保证出纳交接工作顺利进行，出纳人员在办理交接手续前，必须做好以下准备工作。

（1）将出纳账登记完毕，并在最后一笔余额后加盖名章。

（2）在出纳账启用表上填写移交日期，并加盖名章。

（3）整理应该移交的各项资料，对未了事项写出书面材料。

（4）出纳日记账与现金、银行存款总账核对相符，现金账面余额与实际库存现金核对一致，银行存款账面余额与银行对账单核对无误。如有不符，要找出原因，弄清问题所在，加以解决，务求在移交前做到相符。

（5）编制移交清册。移交清册列明应当移交的会计凭证、账簿、报表、印章、现金、有价证券、支票簿、发票、文件、其他会计资料和物品等内容。

实行会计电算化的单位，从事该项工作的移交人员还应当在移交清册中列明会计软件及密码、会计软件数据磁盘（磁带等）及有关资料、实物等内容。

12.2.2　出纳工作的正式交接

《会计基础工作规范》规定：会计人员办理交接手续，必须由监交人员负责监交。一般会计人员交接，由单位会计机构负责人、会计主管人员负责监交；会计机构负责人、会计主管人员交接，由单位领导人负责监交，必要时可由上级主管部门派人会同监交。

出纳工作交接一般在单位会计机构负责人、会计主管人员监督下进行。出纳员的离职交接，必须在规定的期限内，向接交人员移交清楚。移交人员在办理交接时应根据移交清册内容逐项移交，移交时必须做到：交好工作、交好思想、交好作风、交好经验；接交人员应认真按移交清册当面点收，接交时要做到：认真仔细、积极听取移交人员的建议，虚心学习移交人员好的思想、作风和经验。具体操作程序如下。

（1）现金、有价证券、贵重物品要根据会计账簿有关记录由移交人向接交人逐一点交，库存现金、有价证券、贵重物品必须与会计账簿记录保持一致，如有不符，移交人员必须在限期内查清。

（2）银行存款账户余额要与银行对账单核对，在核对时如发现疑问，移交人和接交人应一起到开户银行当场复核核对，并编制银行存款余额调节表。

（3）在银行存款账户余额与银行对账单余额核对相符的前提下，移交有关票据、票证及印章，同时由接交人更换预留在银行的印鉴章。

（4）出纳账簿移交时，接交人应核对账账、账实是否相符：即现金日记账、银行存款日记账、有价证券明细账与现金、银行存款和有价证券总账的账账相符；实行会计电算化的单位，应先将账页打印出来，装订成册后，再进行交接。

（5）出纳凭证、出纳账簿和其他会计核算资料必须完整无缺，如有短缺，必须查清原因，并在移交清册中注明，由移交人员负责。

（6）工作计划移交时，为了方便接交人开展工作，移交人应向接交人介绍工作计划执行情况以及今后在执行过程中应注意的问题。

（7）移交人应将保险柜密码、钥匙、办公桌和办公室钥匙一一移交给接交人，接交人在接交完毕后，应立即更换保险柜密码及有关锁具。

（8）接交人办理接收后，应在出纳账簿启用表上填写接收时间，并签名盖章。

12.2.3　交接结束

交接完毕后，交接双方和监交人，要在移交清册上签名或盖章。移交清册必须具备以下内容：

（1）单位名称。

（2）交接日期。

（3）交接双方和监交人的职务及姓名。

（4）移交清册页数、份数和其他需要说明的问题和意见。

移交清册一般一式三份，交双方各执一份，存档一份。

12.2.4　出纳交接应注意的事项

（1）出纳人员进行交接时，一般应由会计主管人员监交，必要时，还可请上级领导监交。

（2）监交过程中，如果移交人交代不清，或者移交人故意为难，监交人员应及时处理裁决。移交人不作交代，或者交代不清的，不得离职。否则，监交人和单位领导人均应负连带责任。

（3）移交时，交接双方人员一定要当面看清、点数、核对，不得由别人代替。

（4）交接后，接管的出纳人员应及时向开立账户的银行办理更换出纳人员印鉴的手续，检查保险柜的使用是否正常、妥善，保管现金、有价证券、贵重物品、公章等的条件和周围环境是否齐全。如不够妥善、安全，要立即采取改善措施。

（5）接管的出纳人员应继续使用移交的账簿，不得自行另立新账，以保持会计记录的连续性。对于移交的银行存折和未用的支票，应继续使用，不要把它搁置、浪费，以免单位遭到损失。

（6）交接后，移交人应对自己经办的已经移交的资料的合法性、真实性承担法律责任，不能因为资料已经移交而推脱责任。

总而言之，出纳交接要做到两点：

（1）移交人与接管人要办清手续。

（2）交接过程中要有专人负责监交，交接要求进行财产清理，做到账账核对、账款核对，交接清楚后填妥移交清册，由交、接、监三方签字盖章。

12.2.5　出纳交接的相关责任

出纳交接工作结束后，在交接前后各期的工作责任应由当时的经办人负责，主要体现在以下几个方面：

（1）接收人应认真接管移交工作，继续办理未了事项。

（2）接收人应继续使用移交后的账簿等资料，保持会计记录的连续性，不得自行另立账簿或擅自销毁移交资料。

（3）移交后，移交人对自己经办的已办理移交的资料负完全责任，不得以资料已移交为借口推脱责任。

12.2.6　工作移交表

移交表主要包括库存现金移交表、银行存款移交表、有价证券、贵重物品移交表、核算资料移交表和物品移交表，以及交接说明书等。

1. 库存现金移交表

根据现金库存实有数，按币种（分人民币和各种外币）、币别分别填入库存现金移交表内。库存现金移交表如表 12-1 所示。

表 12-1　库存现金移交表

币种：　　　　移交日期：　　年　月　日　　　单位：元　　　第　页

100 元	数量（张）	金额	接受金额	备注
50 元				
20 元				
10 元				
5 元				
2 元				
1 元				
5 角				
2 角				
1 角				
5 分				
2 分				
1 分				
合计	——			

单位负责人：　　　　移交人：　　　　监交人：　　　　接管人：

2. 银行存款移交表

银行存款，又分为活期存款和定期存款，有的单位还可能在不同的银行开户。因此，填表时应根据账面数、实有数、币种、期限、开户银行等分别填写。银行存款移交表如表 12-2 所示。

表 12-2　银行存款移交表

移交日期：　　年　月　日　　　　　　　单位：元　　　第　页

开户银行	账号	币种	账面数	实有数	备注
合计					
附件及说明：（1）账面数为银行存款日记账金额，实有数为银行对账单金额；					
（2）银行存款余额调节表一份；					
（3）银行印鉴预留卡片一张。					

单位负责人：　　　　移交人：　　　　监交人：　　　　接管人：

3. 有价证券、贵重物品移交表

有价证券、贵重物品是出纳经管的单位财产，移交时，出纳移交人员应根据清理核对后的有价证券和贵重物品按品种、价值等分别登记。

对贵重物品较多的单位，可分别编制有价证券移交表与贵重物品移交表。

4. 核算资料移交表

核算资料主要包括出纳账簿，收据、借据、银行结算凭证，票据领用、使用登记簿，以及其他文件资料等。核算资料移交表如 12-3 所示。

表 12-3　核算资料移交表

移交日期：　　年　月　日

名称	年度	数量	起止号码	备注
现金日记账				
银行存款日记账				
收据领用登记簿				
支票领用登记簿				
收据				
现金支票				
转账支票				

单位负责人：　　　　移交人：　　　　监交人：　　　　接管人：

5. 物品移交表

物品主要包括会计用品、公用会计工具等。

6. 出纳人员工作交接书

"交接说明书"是把移交表中无法列入或尚未列入的内容做具体说明的文件。该说明书包括：交接日期、交接双方及监交人员的职务和姓名、移交清册页数、需要说明的问题和意见。出纳人员工作交接书如表 12-4 所示。

表 12-4　出纳人员工作交接书

出纳人员工作交接书

　　原出纳员朱××，因工作调动，财务处已决定将出纳工作移交给金××接管。现办理如下交接：

　　一、交接日期：

　　××年×月×日

　　二、具体业务的移交：

　　1.库存现金：×月×日账面余额××元，实存相符，月记账余额与总账相符；

　　2.库存国库券：×××万元，经核对无误；

　　3.银行存款余额×××万元，经编制"银行存款余额调节表"核对相符。

　　三、移交的会计凭证、账簿、文件：

　　1.本年度现金日记账一本；

　　2.本年度银行存款日记账二本；

　　3.空白现金支票××张（××号至××号）；

　　4.空白转账支票××张（××号至××号）；

　　5.托收承付登记簿一本；

　　6.付款委托书一本；

　　7.信汇登记簿一本；

　　8.金库暂存物品细表一份，与实物核对相符；

　　9.银行对账单1～10月份10本；10月份未达账项说明一份；

　　10.……

　　四、印鉴：

　　1.××公司财务处转讫印章一枚；

　　2.××公司财务处现金收讫印章一枚；

　　3.××公司财务处现金付讫印章一枚。

　　五、交接前后工作责任的划分：××年×月×日前的出纳责任事项由朱××负责；××年×月×日起的出纳工作由金××负责。以上移交事项均经交接双方认定无误。

　　六、本交接书一式三份，双方各执一份，存档一份。

移交人：×××（签名盖章）　　　　　　　接管人：×××（签名盖章）

　　　　　　　　　　　　　　　　　　　　监交人：×××（签名盖章）

　　　　　　　　　　　　　　　　　　　　××公司财务处（公章）

　　　　　　　　　　　　　　　　　　　　××年××月××日

参考文献

[1] 沈宝艳.出纳员岗位实训［M］.北京：高等教育出版社，2007.

[2] 中华会计网校.出纳实战攻略［M］.北京：人民出版社，2010.

[3] 臧红文，李金兰.财务会计实务与实训——出纳往来结账［M］.北京：高等教育出版社，2009.

[4] 黄性清，马述珍.出纳实务［M］.北京：清华大学出版社，2011.

[5] 孙胖，王莎.零基础学出纳［M］.北京：清华大学出版社，2011.

[6] 吴慧萍，李永波.出纳实务［M］.北京：经济科学出版社，2010.

[7] 杨雄.中小企业出纳实务［M］.北京：电子工业出版社，2012.

[8] 唐峰.出纳实务［M］.北京：电子工业出版社，2012.

[9] 出纳训练营.手把手教你做优秀出纳——从入门到精通［M］.北京：机械工业出版社，2010.